بسم الله الرحمن الرحيم

SEMERKAND
İstanbul 2013

SEMERKAND : 78
Kutlu Zamanlar Dizisi: 1
yayin@semerkand.com
ISBN : 978-605-4214-31-0

Yazan : Hüseyin Okur
Tashih : Mehmet Günyüzlü
Kapak : İsra Ebubekir Nalbant
İç Tasarım : Rana Saliha Hayta
Baskı : Pasifik Ofset Ltd. Şti.
Cihangir Mah.
Güvercin Cad. No. 3/1
Baha İş merkezi A Blok Kat: 2
34310 Haramidere / İstanbul
Tel: 0212 412 17 77
Sertifika No: 12027
(yaygın dağıtım)

Temmuz 2013, İstanbul
6. Baskı

GENEL DAĞITIM

POZİTİF DAĞITIM **TÜRKİYE:** Eyüpsultan Mah. Esma Sokak. No.7/A Samandıra-Sancaktepe-İstanbul
Tel: 0216 564 26 26 **Faks:** 0216 564 26 36 online satış: www.semerkandpazarlama.com

EROL MEDIEN **AVRUPA** Erol Medien GmbH Kölner Str. 256-51149 Köln **Tel.:** 0 22 03 / 36 94 90
Fax: 0 22 03 / 36 94 910 **Online Satış:** www.onlinefuar.de **E-Mail:** info@erolmedien.de

Üç aylar

Mübarek günler ve geceler

HÜSEYİN OKUR

SEMERKAND

HÜSEYİN OKUR

1978 yılında Ankara ilinin Çamlıdere ilçesine bağlı Atça köyünde doğdu. Küçük yaşta iken İstanbul'a geldi. İlk ve orta öğrenimini İstanbul'da tamamladıktan sonra Bolu/Yeniçağa'da hafızlığını bitirdi. Daha sonra 1994-2003 yılları arasında, İstanbul'da M. Süleyman Elkoca'nın yanında Arap edebiyatı, hadis, fıkıh, tefsir, kelam gibi ilimleri tahsil ederek icazetnamesini aldı. Bu zaman zarfında İmam-Hatip lisesini ve Eskişehir Anadolu Üniversitesi ilâhiyat programını, ardından Ankara Üniversitesi İlahiyat Fakültesi'ni bitirdi. 2007-2009 yılları arasında Sakarya Üniversitesi'nde Arap Dili ve Belağatı alanında yüksek lisansını tamamladı. Uludağ Üniversitesi İlahiyat Fakültesi İslâm Hukuku alanında doktora çalışmalarına devam etmektedir.

İÇİNDEKİLER

ÖNSÖZ

Niyet ve kendisinde yapılan ameller sahih ve sağlam olduğu müddetçe, müslümanın hayatının her anı kendisi için ibadet olacağı belirtilmiştir. İbadet, kulluk şuurunun farkına vararak Yüce Rabb'e boyun eğmek, ibadet etmek, emirlerini yapmak ve yasaklarından da sakınmaktır. Mümin kul ölümüne kadar bu kulluğu, zamanını en iyi bir şekilde değerlendirerek amel sermayesini toplama durumundadır. Zaman müminin en değerli hazinesidir. Resûlullah Efendimiz'in [s.a.v] tabiriyle insan, zamanını değerlendirme hususunda aldanmış, onu iyi kullanamamıştır.

Allah Teâlâ'nın kullarına verdiği nimet ve ihsanlardan biri de kaybettiği, kaçırdığı zamanları telafi edecek özel zamanlardır. Elbette seher vaktinde yahut gecenin derin bir karanlığında kılınan namaz ile gündüz kılınan nafile bir namazın aynı olmayacağı açıktır. Aynen bunun gibi Allah [celle celalühü] sene içerisinde diğer aylara ve günlere nispeten daha faziletli aylar, günler ve geceler ikram etmiştir mümin kullarına. Kadir gecesi; bin aydan hayırlı gece... Ramazan ayı; on bir ayın sultanı... Beraat kandili; ümmetin fertlerinin birer birer affedildiği gece... ve daha niceleri.

Allah [celle celalühü] önceki ümmetlere verilen uzun ömürlere bedel olarak, ümmet-i Muhammed'e pek kıymetli aylar, günler ve geceler ikram etmiştir. Elbette ecelinin kendisine olan yakınlığını veya uzaklığını bilemeyen bir kula düşen vazife, bu mübarek zaman dilimlerinin şükrünü layık-ı vechiyle eda ve ihya etmek olacaktır.

Biz de bu eserde siz kıymetli okuyucularımıza bu bereketli zamanları Kur'an-ı Kerîm, sünnet-i seniyye ve büyükleri söz ve hayatları ışığı altında anlatmayı istedik...

Hüseyin OKUR

A) ZAMANIN KIYMETİNİ BİLMEK

Allah Teâlâ'nın kullarına bahşettiği sayılamayacak kadar çok nimeti vardır ve tabii insanoğlunun bunları sayabilmesi, hakikatini idrak edebilmesi mümkün değildir. Bunun yanında Hak Teâlâ'nın ihsan ettiği bu nimetler sürekli olarak ikram edilmeye devam etmekte, her nimetin ardından bir başkası gelmektedir. Nitekim Cenâb-ı Allah bir âyet-i kerimesinde şöyle buyurur:

"O size istediğiniz her şeyden verdi. Allah'ın nimetini sayacak olsanız sayamazsınız. Doğrusu insan çok zalim, çok nankördür!" (İbrâhim 14/34).

Elbette Allah Teâlâ'nın insanoğluna verdiği nimetlerin en büyüğü, O'na iman etmek ve O'nun katından gelenle son peygamberi Hz. Muhammed'e [sallallâhu aleyhi vesellem] iman etmektir.

İnsanın ahiretine azık hazırladığı, dünyasına çalışıp meşru dairede nimetlerinden istifade ettiği, sıkıntılarına katlandığı bir süreçtir. Kur'an-ı Kerîm zaman nimetinin önemine pek çok âyet-i kerimeyle işaret etmiştir:

"Biz, geceyi ve gündüzü birer âyet (delil) olarak yarattık. Nitekim Rabb'inizin nimetlerini araştırmanız, ayrıca,

yılların sayısını ve hesabı bilmeniz için gecenin karanlığını silip (yerine, eşyayı) aydınlatan gündüzün aydınlığını getirdik. İşte biz, her şeyi açık açık anlattık" (İsrâ 17/12).

Resûlullah Efendimiz [s.a.v] zamanın önemine şöyle işaret buyurmuştur:

نِعْمَتَانِ مَغْبُونٌ فِيهِمَا كَثِيرٌ مِنَ النَّاسِ الصِّحَّةُ وَالْفَرَاغُ

"İki nimet vardır ki, insanların çoğu bunları değerlendirmede aldanmıştır: Sıhhat (sağlık) ve boş vakit." [1]

"Sûfîler ibnü'l-vakit'tir" denilmiştir. Yani zamanın kıymetini bilirler, o vakitte yapılması gereken iş ve ibadeti yaparlar. Bunun gibi biz de sadece üç aylarda Allah'a kulluk edip diğer zamanlarda taat ve ibadeti gevşetmemeliyiz. Başta farz ibadetler olmak üzere her gün üzerimize düşen bütün vazifeleri yapmalı, virdimizi çekmeli, Kur'an-ı Kerîm'i okumalıyız. Yani bir anlamda muntazaman her gün bizim için Kadir gecesi gibi olmalıdır. Belki sadece bu mübarek günlerde gayretimizi biraz daha artırmalıyız.

Resûlullah Efendimiz [s.a.v] zamanı iyi değerlendirmemiz hususunda şöyle buyurmaktadırlar:

إِغْتَنِمْ خَمْسًا قَبْلَ خَمْسٍ شَبَابَكَ قَبْلَ هَرَمِكَ
وَصِحَّتَكَ قَبْلَ سَقَمِكَ وَغِنَاكَ قَبْلَ فَقْرِكَ وَفَرَاغَكَ
قَبْلَ شُغْلِكَ وَحَيَاتَكَ قَبْلَ مَوْتِكَ

"Beş şey (başa) gelmeden önce şu beş şeyin kıymetini bil: İhtiyarlık gelmeden gençliğin, hastalık gelmeden sağlığın, fakirlik gelmeden zenginliğin, meşguliyet gelmeden boş vaktin, ölüm gelmeden hayatın ..." [2]

---

1 Tirmizî, Zühd, 1; İbn Mâce, Zühd, 15.

2 Buhârî, Edeb, 22.

B) ÜÇ AYLARA GENEL BİR BAKIŞ

Zaman ve mekânlar bütün kıymet ve kutsiyetini, hakikatte Allah'ın dilemesinden alırlar. Bu ilâhî dileme ise varlıklar için binbir maslahat ve hikmetler içerir. Ayrıca o zaman dilimlerinde gerçekleşen mühim olaylar, içinde bulundukları zaman ve mekâna değer katmışlardır.

Mübarek zaman dilimlerinin kutsiyeti de Allah Teâlâ'nın dilemesinden geldiği için, müslümanlara sonsuz feyiz ve bereketin nüzûlü için birer vesile olmaktadırlar. Mübarek ay, gün ve geceler, İslâm'ın şeairindendir; hususi kıymetleri ve kerametleri vardır. Kâinat, semavat, feza-yı âlem ve bütün varlıklar bu kutlu zaman dilimlerine hürmet etmektedir.[3]

Evet, bizler vaktin kıymetini bilmeli ve özellikle de Allah Teâlâ'nın bizlere birer lutuf olarak gönderdiği bu kutlu zaman dilimlerini fırsat bilmeyiz. Resûlullah Efendimiz [s.a.v] bu zamanların değerlendirilmesi hususunda şu tavsiyeyi yapmıştır:

---

3 Said Nursi, *Sikke-i Tasdik-i Gayb*, s. 208, İstanbul: Envar Neşriyat, 1998.

اُطْلُبُوا الْخَيْرَ دَهْرَكُمْ وَتَعَرَّضُوا نَفَحَاتِ رَحْمَةِ اللّٰهِ
عَزَّ وَجَلَّ فَإِنَّ لِلّٰهِ نَفَحَاتٍ مِنْ رَحْمَتِهِ يُصِيبُ بِهَا
مَنْ يَشَاءُ مِنْ عِبَادِهِ وَسَلُوا اللّٰهَ أَنْ يَسْتُرَ
عَوْرَاتِكُمْ وَأَنْ يُؤَمِّنَ رَوْعَاتِكُمْ

"Bütün hayatınız boyunca hayrın peşinde olun. Rabb'inizin rahmet rüzgârlarının peşine düşün, onlardan istifade etmeye bakın. Çünkü Allah'ın rahmet rüzgârları eser. İsteyen kullar ondan istifade ederler. Allah'tan ayıplarınızı örtmesini ve korkularınızdan emin kılmasını isteyin!" [4]

Allah [celle celâlühû], mekânlar içinde mukaddes mekânlar; zamanlar içinde de mukaddes zamanlar yaratmıştır. İşte o mukaddes zamanlardan biri de üç aylar diye bilinen receb, şaban ve ramazan aylarıdır. Dinimizce bu üç ayların önemi ve kıymeti pek büyüktür.

Üç aylar, müslümanlarca, her ay kendisinde mübarek bir geceyi bulunduran aylar silsilesini oluşturduğundan, bu isimle adlandırılmışlardır. Bu geceler, hepimizin manevi hayatını, tekrar gözden geçirip nefis muhasebesi yaptığı gecelerdir.

a) Üç Ayların Önemi

Üç aylar, her daim Rahmân ve Rahîm sıfatları ile tecelli eden Rabbimiz'in, manevi kirliliklerden arınmamız için bizlere sunduğu manevi ziyafet sofrasıdır. Sevgili Peygamberimiz [s.a.v] receb ve şaban aylarını, ramazan ayının rahmet ve bereketinden azami istifadeyi sağlamak için ruhen, kalben,

4 Ali el-Müttakî, *Kenzü'l-Ummâl*, nr. 3189; Beyhakî, *Şuabü'l-İmân,* nr. 1121.

aklen, fikren ve bedenen bir hazırlık dönemi olarak değerlendirmiştir. Bu ayların müminler için değeri çok büyüktür. Bu değer hiç şüphesiz, Peygamber Efendimiz'in [s.a.v] üç aylara verdiği önemden kaynaklanmaktadır. Resûlullah [s.a.v] bu aylarla ilgili olarak,

اَللّٰهُمَّ بَارِكْ لَنَا فِي رَجَبَ وَشَعْبَانَ وَبَلِّغْنَا رَمَضَانَ

"Allahım, receb ve şabanı hakkımızda hayırlı ve mübarek kıl, bizi ramazana ulaştır" şeklinde dua etmiştir. [5]

b) Üç Ayları Nasıl Değerlendirmeliyiz?

Bu aylar ve bu aylarda yer alan bu mübarek geceler, duaların Allah'a arzedilmesi, pişmanlık göz yaşlarıyla günahların silinmesi, yapılan ibadetlere verilen sevabın katlanması bakımından birer büyük fırsattır.

Peki, bizler bu zaman dilimini nasıl değerlendirmeliyiz?

1. Öncelikle böyle zamanlarda kulluğumuzu gözden geçirerek, eksik ve hatalarımızı ele almalı ve bunları düzeltebilmenin yollarını aramalıyız. Yani hesaba çekilmeden önce burada kendimizi hesaba çekmeliyiz ki, ahiretteki hesabımız kolay olsun.

2. Üç ayları günahlarımızın affı için bir fırsat bilmeli ve bol bol tövbe ve istiğfarda bulunmalıyız. Özellikle müslümanların içinde bulunduğu sıkıntıları düşünerek dua edip Allah'a yalvarmalıyız.

3. Eğer kazâ namazlarımız varsa bunları kılma yoluna gitmeli, kazâ namazımız yoksa bile, çokça nâfile namaz kılmaya çalışmalı ve özellikle geceleri iyi değerlendirmeliyiz.

5 Ahmed b. Hanbel, *el-Müsned*, 1/259; Süyûtî, *ed-Dürrü'l-Mensûr*, 1/183; Heysemî, *Mecmau'z-Zevâid*, 2/165; 3/140.

4. İmkânımız nisbetinde çokça Kur'an okumalıyız.

5. Akrabalarla, komşularla ve dostlarımızla olan yakınlığımızı bir kat daha artırmalı ve yapacağımız ziyaretlerle onların gönlünü almalıyız.

6. Etrafımızdaki fakir fukaraya yardım etmeli, imkânımız ölçüsünde sadaka vermeli, fakir öğrencilerin okuması için onların elinden tutmalıyız. Çünkü bu zaman dilimlerinde vereceğimiz sadakalar veya zekâtlar bize kat kat sevap getirecektir.

Üç aylar ve mübarek geceler, öncelikle Rabbimiz'e, ailemize, akrabalarımıza ve ülkemize karşı görev ve sorumluluklarımızı hatırlatmalı, hatalarımızdan ve günahlarımızdan tövbe etmemize vesile olmalıdır. Nitekim yüce Allah, engin rahmetine sığınıp tövbe etmemizle ilgili olarak şöyle buyurmaktadır: *"(Ey Muhammed!) De ki: Ey kendilerine kötülük edip aşırı giden kullarım! Allah'ın rahmetinden ümidinizi kesmeyin, doğrusu Allah günahların hepsini bağışlar. Çünkü O, çok bağışlayandır, çok merhamet edendir"* (Zümer 39/53).

Ayrıca büyüklerin gönülleri alınmalı, eş ve dostlarımızın hatırları sorulmalı, garipler aranıp sofralarımıza davet edilmeli, yetimler gözetilmeli, yardıma muhtaç kimselere yardım edilmelidir. Aramızdaki kırgınlıklar, dargınlıklar, şahsî çıkar hesapları bir tarafa bırakılmalı, hoşgörü, kardeşlik ve birlik içerisinde olunmalıdır. Bunların yanında, her günü ve geceyi süsleyen ve sevabı çok olan nâfile namazlar kılmalı, bunları hayatımızın bir parçası haline getirmelidir. Bu namazlar ve kılınışları, kitabın sonunda nâfile namazlar bölümünde anlatılmıştır.

Sâdâtlar da böylesi geceleri fırsat bilmişler ve amel ederek değerlendirilmesi gerektiğine işaret etmişlerdir. Seyyid Muhammed Raşid Erol hazretleri [kuddise sırruhû], hayatının bütününde Server-i Kâinat'ı [s.a.v] rehber edinerek ona göre bir hayat yaşardı. On bir ayın sultanı olan ramazan-ı şerife, receb-i şeriften hazırlanırdı. Evlerinde olsun, camide olsun sürekli huşû içinde dua ve zikir yaparak sevenlerine bu şekilde örnek olurdu. Ramazan ayına daha çok ehemmiyet verirlerdi, devamlı aile fertlerine bu ayı ibadetle geçirmeyi, Kur'ân-ı Kerîm okumayı tavsiye ederlerdi.

c) Haram Aylar ve Üç Aylar İlişkisi

Haram aylar yahut "eşhürü'l-hurum" her türlü saldırmanın, vuruşmanın ve kötülüğün menedildiği yasak aylardır. Bu aylar, üçü peş peşe, biri ayrı olmak üzere dört tanedir. Bunlardan zilkade, zilhicce ve muharrem ayları peş peşe, receb ise tek başınadır. Hz. İbrahim ve Hz. İsmail [a.s] devrinden beri bu dört ay, "haram aylar" olarak anılagelmiştir.

Kur'an'da, gökler ve yeryüzü yaratıldığı zaman Allah katında ayların sayısının on iki ve bunlardan dördünün haram ay olduğu açıklanıp insanların o aylar içinde Allah'ın koyduğu yasağı çiğneyerek kendilerine zulmetmemeleri istenmiş (Tevbe 9/36), ayrıca haram ayda savaşmanın büyük günah olduğu (Bakara 2/217), bu aya karşı saygısızlık edilmemesi gerektiği (Mâide 5/2) belirtilmiştir.

d) Kandil Gecesi

Mevlid-i Nebî hariç diğer kandillerin hepsi mübarek üç aylar içindedir. Kuraklıktan çatlamış topraklar için su ne ise, amelsizlikten kurumuş kalpler için de kandil geceleri odur, der büyükler. Halkımızın "kandil" olarak adlandırdığı bu geceler, gönül evlerimizi aydınlatan ışıklardır. Mübarek gecelere "kandil" isminin verilmesi, o gecelerde selâtîn camileri başta olmak üzere mescidlerin, dergâhların içlerine ve minarelere kandillerin asılması ve mahyaların döşenmesi şeklindeki son dört beş asırlık bir Osmanlı geleneğine dayanmaktadır. İlk olarak Osmanlı padişahlarından II. Selim döneminde (1566–1574), camiler aydınlatılıp minarelerde kandiller yakıldığı için bu gecelere "kandil geceleri" denilmiştir. [6]

e) Gönül Kandillerini Yakmak

Nasıl ki yakılan kandil etrafını, camiyi, mescidi aydınlatıyorsa, insan da evrâdü ezkâr, ibadet, dua ve istiğfarla kendi ruhunu aydınlatmalıdır. Kur'ân-ı Kerîm'deki benzetme ile Allah'ın nurunun bir kandil içinde yanması gibi (Nûr 24/35) kandil gecelerinde de ilâhî nurlar ve feyizler mescidlerin, ibadet yerlerinin kubbelerinden, pencerelerinden içeri yağar, içinde yanar; Resûlullah Efendimiz'in [s.a.v] ifadeleriyle cemaatin üzerine ilâhî bir sekine iner, Allah'ın rahmeti onları kuşatır, melekler kanatlarını onların altına serer ve Allah, katındakilere onlardan bahseder. O gece Allah'ı ihlâsla ananlar, zikir meclislerinden affolunmuş olarak kalkarlar. Nitekim Resûlullah [s.a.v] bundan şöyle bahseder:

"Allah'ın [c.c] kullarını koruyup gözeten Hafaza meleklerinin haricinde bir sınıf melekleri vardır ki, onlar yeryüzünde dolaşırlar ve zikir meclislerini ararlar. Bu melekler Allah Teâlâ'yı zikreden bir topluluk gördüklerinde, "Aradığınıza koşun diye çağrışırlar" ve hemen oraya gelerek dünya semasına kadar onları çepeçevre kuşatırlar.

(İnsanlar zikir meclislerinden ayrılıp melekler de semaya çıktığında) Allah [c.c] her şeyi en iyi bilen olmasına rağmen sorar:

- Ey meleklerim, kullarımı hangi hal üzere bıraktınız? Onlar da derler ki:

---

6 Nebi Bozkurt, "Kandil", *TDV İslâm Ansiklopedisi*, İstanbul 2001, 24/300.

- Sana hamdediyorlar, sana tekbir getiriyor, seni zikrediyorlardı.

Allah [c.c] sorar:

- Peki, kullarım beni görmüşler mi ki? Melekler,

- Hayır, diye cevap verirler. Allah Azze ve Celle,

- Onlar beni görselerdi nasıl yaparlardı (ibadetleri nasıl olurdu), diye sorar. Melekler,

- Ey Rabbimiz, elbette onlar seni görselerdi, daha çok hamdederler, daha çok seni büyük kabul ederler ve daha çok zikrederlerdi, derler. Allah [c.c] tekrar sorar:

- O kullarım neyi istiyorlar? Melekler,

- Cenneti istiyorlar, derler. Allah Teâlâ,

- Cenneti gördüler mi, buyurur. Melekler,

- Hayır derler. Allah [c.c],

- Görmüş olsalardı durumları nasıl olurdu, buyurur. Melekler,

- Onlar cennetini görmüş olsalardı onu daha çok isterlerdi, derler. Allah [c.c],

- Hangi şeyden sığınıyorlar, der. Melekler,

- Cehennemden, derler. Allah [c.c],

- Onlar cehennemi gördüler mi, buyurur. Melekler,

- Hayır, derler. Allah Teâlâ,

- Görselerdi durum nasıl olurdu, der. Melekler,

- Cehennemi görselerdi elbette ondan daha çok kaçarlar, ondan daha çok korkarlar ve ondan daha çok Allah'a sığınırlardı, derler. Bunun üzerine Allah [c.c],

- Ey meleklerim! Sizler şahit olunuz ki ben onların hepsini bağışladım, der. Melekler,

- Ey Rabbimiz, o toplum içinde isteyerek oraya gelmeyen fakat bir ihtiyaç için orada bulunan kimseler de vardı, derler. Allah [c.c] şöyle buyurur:

- Onlar öyle bir topluluktur ki onların yanında bulunanlar affedilmekten mahrum bırakılmazlar." [7]

f) İbadetlerde Devamlı Olmak

Üç aylar dediğimiz receb, şaban ve ramazan ayları, içerisinde dört mübarek geceyi misafir ederler; Regaib kandili, Berat kandili, Mi'rac kandili ve Kadir gecesi. Bu kutlu zamanlar, kendimizi denetleme, değerlendirme bakımından çok önemlidir. Bu vesile ile bir kere daha geçmişimizin muhasebesini yapıp, kusurlarımızı düzeltmeye, hayırlı işlere yönelmeye karar vermeliyiz.

Receb, şaban ve ramazan ayları, yüce Allah'ın bizlere ikram ettiği faziletli ve feyizli bir zaman dilimidir. Yapılan duaların, isteklerin dalga dalga Allah'a ulaştığı, dökülen pişmanlık göz yaşlarının günahları silip yok ettiği kandiller geçididir. Kısaca üç aylar, günahlardan arınma, sevaplarla bezenme mevsimidir. Ramazandan önce oruçla buluşanlar, ibadetlerini çoğaltanlar, tövbe ile Allah'a yönelenler gibi manevi kazanç elde edenlerin olduğu anlardır. Ancak şunu hiçbir zaman unutmamalıyız ki, manevi hayat süreklilik ve kararlılık ister. Sevgili Peygamberimiz [s.a.v], *"Allah'ın en çok sevdiği (nâfile) ibadet, az da olsa devamlı olanıdır"* [8] buyurarak müminleri bu hususlarda daha dikkatli olmaya ve titiz davranmaya davet etmektedir. Kandil gecelerinde güzel ibadet edip, ondan sonra bırakmak, çok fazla ibadet "taat"e edip de ondan sonra yorulup dermansız düşmek

7 Buhârî, Daavât, 27; Müslim, Zikir, 17; Tirmizî, Daavât, 130.
8 Müslim, Fezâil, 75.

suretiyle ibadetten soğuyup kenara çekilmek doğru değildir. Nebî [s.a.v] bir başka hadislerinde de,

خَيْرُ الأُمُورِ أَوْسَطُهَا

"İşlerin en hayırlısı orta yollu (mutedil) olanıdır" [9] buyurarak bizlere ifrat ve tefritten sakınmamızı tavsiye etmektedir.

Hz. Âişe'nin [r. anhâ] bildirdiğine göre o, bir kadınla birlikte otururlarken, yanlarına Hz. Peygamber [s.a.v] geldi ve,

- Bu kadın kim, diye sordu. Hz. Âişe validemiz [r. anhâ],

- Bu filan hanımdır, dedikten sonra, onun çok namaz kıldığından bahsetti. Bunun üzerine Resûl-i Ekrem [s.a.v],

- *Bütün bunları sayıp dökmeyi bırak; gücünüzün yettiği nisbette ibadet etmeniz size yeter. Allah'a yemin ederim ki, siz bıkıp usanmadıkça, Allah bıkıp usanmaz,* buyurdu. Resûlullah'ın [s.a.v] en çok sevdiği ibadet, az da olsa devamlı yapılan idi. [10]

---

9 Beyhakî, *Şuabü'l-İmân*, nr. 6601; Ali el-Müttakî, *Kenzü'l-Ummâl*, nr. 28658.

10 Buhârî, İmân 32, Teheccüd, 18; Müslim, Müsâfirîn, 221; ayrıca bk. Nesâî, Kıyâmü'l-leyl, 17.

C) ÜÇ AYLAR

Üç ayların değerini ifade eden diğer bir önemli özellik ise beş mübarek geceden dördünün bu aylar içinde yer almasıdır. Regaib gecesi, receb ayının ilk cuma gecesine; Mi'rac gecesi, receb ayının yirmi yedinci gecesine; Berat gecesi, şaban ayının on beşinci gecesine; Kadir gecesi ise ramazan ayının yirmi yedinci gecesine rastlar.

Mübarek sözcüğü, "hayır ve bereket verilmiş" manasına gelir. Bir terim olarak "leyâli mübâreke" (mübarek geceler) Cenâb-ı Hakk'ın başka gecelerden üstün kıldığı geceleri ifade eder.

Dinimizde ibadetler kamerî aylara göre emredilmiştir. Kamerî ayların süresi, şemsî ayların[11] süresine nazaran değişiklik arzeder. Kamerî sene, şemsî seneden on gün daha kısadır. Ayrıca kamerî ayların diğer bir özelliği şemsî aylarda olduğu gibi senenin aynı mevsimine değil, değişik mevsimlerine tesadüf etmesidir. Mesela, kamerî bir ay olan ramazan ayı, senenin mevsimlerini dolaşır. Kamerî takvime

---

11 Güneş takvimine göre olan aylar. Ocak, Şubat, Mart...

göre günün, önce gecesi, sonra gündüzü gelir. Söz gelimi cuma gecesi dendiği zaman perşembeyi cumaya bağlayan gece kastedilir. Yoksa, cuma ile cumartesinin birbirine bağlandığı gece anlamına gelmez.

1. RECEB AYI

Receb ayı, kamerî ayların yedincisi, üç ayların ise başlangıcıdır. Ramazan-ı şerifin müjdeleyicisidir. Receb ayının içinde iki mübarek gece bulunmaktadır. Biri "Regaib" diğeri "Mi'rac" gecesidir.

Receb ayı, gerek İslâm'dan önce gerekse İslâm'dan sonra mukaddes bilinen, yukarıda da bahsedildiği gibi "haram aylar" diye nitelenen aylardan biridir; İslâm dini gelmeden önce, bu ay girer girmez, kabileler arasında savaşmak yasaklanır, herkes kendisini bu ayda güven içinde hissederdi. İslâm geldikten sonra da bu aya olan hürmet devam ettirildi.

Sevgili Peygamberimiz [s.a.v] receb ayının başlangıcında,

اَللّٰهُمَّ بَارِكْ لَنَا فِي رَجَبَ وَشَعْبَانَ وَبَلِّغْنَا رَمَضَانَ

"Allahım, receb ve şabanı hakkımızda hayırlı ve mübarek kıl, bizi ramazana ulaştır" [12] şeklinde dua etmiştir.

Receb Allah'ın Ayıdır

Resûlullah [s.a.v] şöyle buyurur: *"Receb ayı Allah'ın ayı, şaban benim ayım ve ramazan da ümmetimin ayıdır."* [13]

---

12 Ahmed b. Hanbel, *el-Müsned*, 1/259; Süyûtî, *ed-Dürrü'l-Mensûr*, 1/183; Heysemî, *Mecmau'z-Zevâid*, 2/165; 3/140.

13 Süyûtî, *el-Câmiu's-Sagîr*, nr. 4411; Ali el-Müttakî, *Kenzü'l-Ummâl*, nr. 35164; Aclûnî, *Keşfü'l-Hafâ*, nr. 1358.

Enes b. Mâlik'in [r.a] rivayet ettiği bir hadis-i şerifte, Resûlullah [s.a.v] şöyle buyurmuştur: *"Receb, Allah Teâlâ'nın diğer aylar arasından seçtiği bir aydır. Her kim bu ayın hakkını verir ve onu (amel etmek suretiyle) yüceltirse, Allah Teâlâ'nın emrini yüceltmiş olur. Her kim Allah Teâlâ'nın bu emir ve buyruğunu yüceltirse, onu naîm cennetine koyar ve ondan razı olur. Her kim şaban ayının hakkını verir ve onu (amel etmek suretiyle) yüceltirse, benim buyruğumu yüceltmiş (hakkını vermiş) olur. Benim buyruğumu yücelten kimseninse kıyamette şefaatçisi ve yardımcısı olurum. Ramazan ayı ise ümmetimin ayıdır. Her kim ramazanın hakkını verir, hürmetsizlik etmez, gündüzlerini oruçla geçirip gecelerini de ibadetle ihya ederse ve de âzalarını (haramlardan) korursa, ramazan ayından çıktığında tertemiz günahsız olur."* [14]

"Şühûr-ı selâse", yani üç aylar olarak bilinen ve bunların başlangıcı olan receb ayının girmesiyle birlikte müminin ruhunu bambaşka bir hava kaplamalıdır. Çünkü bu aylar ilâhî rahmetin oluk oluk aktığı aylardır. Diğer vakitlerde iyilik ve ibadetlere on sevap veriliyorsa, receb ve ardından gelen şaban ve ramazan aylarında kat kat fazla sevap verilir.

Üç aylara "çok sevaplı ibadet ayları" diyen Said Nursi [rahmetullâhi aleyh], onların kazandırdıkları sevap ve mükâfatlar bakımından, müminlerin önünde nasıl bir kademeli yükseliş vesilesi olduklarına şöyle işaret etmiştir: "Her bir hasenenin (iyiliğin ve ibadetin) sevabı başka vakitte on ise, receb-i şerifte yüzden geçer, şaban-ı muazzamada üç yüzden ziyade ve ramazan-ı mübarekte bine çıkar ve cuma gecelerinde binlere ve leyle-i Kadir'de (Kadir gecesinde) otuz bine çıkar." [15]

14 Beyhakî, *Şuabü'l-İmân*, nr. 3813.

15 Said Nursi, *Şualar*, 114. Şua.

Mesela, başka zamanlarda okunan her bir Kur'an harfi için on sevap yazılmaktadır. Receb ayında bu sevap yüz olarak yazılır, şabanda üç yüzü aşar, ramazanda bine çıkar. Cuma gecelerinde binleri bulur. Kadir gecesinde de otuz bine ulaştığını düşünürsek, üç aylardaki mübarek vakitlerin ahiret ticareti bakımından ne kadar kıymetli bir fırsat olduğunu anlayabiliriz.

Büyük tasavvuf ehli Zünnûn-i Mısrî [kuddise sırruhû] der ki: "Receb ekme ayıdır, şaban sulama ayıdır, ramazan ise hasat ayıdır. Herkes ne ekerse onu biçer, ne yaparsa onun karşılığını bulur. Bir kimse ekimi bırakırsa, hasat zamanı ekmediğine pişman olanlardan olur." [16]

Receb Ayını İbadetle Geçiren Kadın

İmam Gazâlî [rahmetullâhi aleyh], *Mükâşefetü'l-Kulûb* adlı eserinde receb ayının faziletine değinirken şöyle bir kıssa nakletmiştir: Beytülmakdis'te bir kadın receb ayında her gün 12.000 defa İhlâs sûresini okurdu. Ayrıca bu kadın yine receb ayında kaba yünden dokunmuş elbise giyerdi. Kadın hastalandı. Oğluna, vefat ederse giyindiği yün elbise ile kendisini defnetmelerini vasiyet etti. Kadın vefat edince, oğlu kendisini daha değerli, yumuşak bir kumaş ile kefenleyip defnetti. Gece annesini rüyasında gördü. Annesi kendisine şöyle diyordu:

- Ben senden razı değilim; çünkü sen benim vasiyetimi yerine getirmedin.

Kadının oğlu korku içinde uykudan uyandı ve yün elbisesini aldı, onunla defnetmek için kabrini açtı. Fakat annesini kabirde bulamadı ve şaşırıp kaldı. Bu esnada şöyle bir

16 Abdülkadir-i Geylânî, *Gunyetü't-Tâlibîn*, Beyrut: Dârü'l-Kütübi'l-İlmiyye, 1997, 1/326.

ses işitti: "Receb ayında bize ibadet edeni, tek başına ve yalnız bırakmayacağımızı sen bilmiyor musun?" [17]

Âyet-i kerimesinde Cenâb-ı Allah, *"Kim zerre miktarı hayır yapmışsa onun karşılığını görür"* (Zilzâl 99/7) buyurmaktadır. "Mümin kulun hayatının her anı, niyeti Allah rızası için olduktan sonra ibadettir" buyuran sâdâtlar da, bu gecelerde niyetlerin tekrar tashih edilmesiyle Allah'ın rızası gözetilerek yapılan ibadetlerin karşılığında Cenâb-ı Hakk'ın kullarına pek çok ikramda bulunacağı müjdesini vermiştir.

Receb Orucu

Hz. Peygamber [s.a.v], receb-i şerif ayında çok sık oruç tutmuştur. İbn Abbas [radıyallâhu anh] şöyle demiştir: "Resûlullah [s.a.v] bazı yıllar receb ayında öyle oruç tutardı ki biz, 'Galiba hiç yemeyecek (ayın her gününde tutacak)' derdik. (Bazı yıllarda da öyle) yerdi ki biz, '(Galiba) bu ayda hiç oruç tutmayacak' derdik." [18]

Enes b. Mâlik [r.a] anlatır: Resûlullah'ın [s.a.v] şöyle dediğini işittim:

إِنَّ فِى الْجَنَّةِ نَهْرًا يُقَالُ لَهُ رَجَبٌ أَشَدُّ بَيَاضًا

مِنَ اللَّبَنِ وَأَحْلَى مِنَ الْعَسَلِ مَنْ صَامَ يَوْمًا

مِنْ رَجَبَ سَقَاهُ اللّٰهُ تَعَالَى مِنْ ذَلِكَ النَّهْرِ

"Cennette receb isimli bir nehir vardır. Sütten daha beyaz ve baldan daha tatlıdır. Kim receb ayında bir gün oruç tutarsa Allah [c.c] o kimseye bu nehirden su içirecektir." [19]

17 Gazâlî, *Mükâşefetü'l-Kulûb*, s. 678.

18 Beyhakî, *Şuabü'l-İmân*, nr. 3799.

19 Beyhakî, *Fezâilü'l-Evkât*, nr. 8; *Şuabü'l-İmân,* nr. 3800; Ali el-Müttakî, *Kenzü'l-Ummâl*, nr. 24260.

Resûlullah [s.a.v] receb ayında tutulan orucun fazileti hakkında bir diğer hadislerinde ise şöyle buyurmuşlardır:

"Bir kimsenin receb ayında bir gün oruç tutması, bir senelik oruç tutması gibidir (o denli sevabı vardır). Yedi gün oruç tuttuğunda ise kendisine cehennemin yedi kapısı kapanır. Sekiz gün oruç tuttuğunda da cennetin sekiz kapısı ona açılır. On beş gün oruç tuttuğunda, semadan ona bir münâdi, 'Geçmişte yaptığın bütün günahların bağışlandı. Kötülüklerin iyiliğe çevrildi. Haydi, yeni ameller işlemeye koyul' der. Kim bu ayda iyilik ve ihsanı artırırsa Allah da ona karşı ihsan ve nimetini artırır.

Nuh'un [aleyhisselâm] gemisi receb ayında yüzmeye başladı. Nuh [a.s] bu ayda oruç tuttu ve beraberindekilerinin de tutmasını emretti. Nuh'un [a.s] gemisi muharremin onuna kadar tam altı ay bu halde seyretmeye devam etti." [20]

Receb Ayı Hakkında Hz. Ömer'e Anlatılanlar

Atâ b. Ebû Rebâh [rahmetullâhi aleyh], İbn Abbas'tan [r.a] rivayetle anlatıyor: "Hz. Ömer'in [radıyallâhu anh], halkın sorun ve şikâyetlerini dinlediği bir gündü ve biz de onun yanındaydık. Derken kör ve topal bir adam geldi. Hz. Ömer [r.a] onun bu durumuna çok şaşırmıştı. Sonra etrafındakilere,

- Bu adamı tanıyanınız var mı, diye sordu. Meclistekilerden biri,

- Ey müminlerin emîri! Bu adam Sebğâoğulları'ndandır. Burayk ona lânet ve beddua etmişti, dedi.

Hz. Ömer [r.a],

- Burayk kim, diye sordu. Adam,

20 Beyhakî, *Şuabü'l-İmân,* nr. 3801.

- Yemen halkından bir adam, diye cevap verdi. Hz. Ömer [r.a],

- Sen onu tanıyor musun, diye sordu. Adam,

- Evet, diye karşılık verince bu kişinin yanına getirilmesini emretti. Adam getirilince Hz. Ömer [r.a] ona,

- Sebğâoğulları'ndan şu adamla aranda geçen mesele nedir, diye sordu.

Adam şöyle anlattı:

- Sebğâoğulları on iki kişiydiler ve Câhiliye döneminde benim komşumdular. Bunlar her fırsatta benim malımı yiyorlar ve namusuma sövüyorlardı. Ben onlardan, Allah için böyle şeyler yapmamalarını ve akrabalık haklarını gözetmelerini istedim. Ancak onlar hiç aldırmadan zulümlerine devam ettiler. Ben de bir müddet daha bekledim. Receb ayı geldiğinde ise ellerimi açıp Allah'a, birinin ayağının sakat kalması, diğerlerinin ise ölmesi için dua ettim. Bir sene geçmeden biri hariç hepsi öldü. Bu adam da gördüğün gibi sakat kalmış ...

Hz. Ömer [r.a],

- Sübhânellah! Gerçekten bu hikâyede çok büyük ibretler var, dedi. Sonra meclistekilerden biri,

- Ey müminlerin emîri! Ben size aynen buna benzer ve hatta daha şaşırtıcı bir hadise anlatayım mı, dedi. Hz. Ömer [r.a],

- Buyur anlat, dedi. Adam şöyle anlattı:

- Câhiliye döneminde Cüheyne kabilesinden bir adam, Damreoğulları'ndan biriyle komşu olmuştu. Damreoğulları'ndan Rumeysâ adında biri, bu kişiye devamlı düşmanlık ediyor, istediği zaman gidip onun develerinden birini kesiyordu. Adam gidip durumu Rumeysâ'nın büyüklerine anlattı. Onlar bu işi halledeceklerini, Rumeysâ'nın cezasını vereceklerini söylediyseler de gerçek manada bir şey yapmadılar. Bunun üzerine adam belki düzelir diye beklemeye başladı. Ancak bu düşmanlığın ardı arkası kesilmeyince receb ayında ellerini semaya kaldırdı ve dua etti. Çok geçmeden Allah Teâlâ ona bir yeme hastalığı musallat etti. Adam o kadar çok yiyordu ki, bu durum çok geçmeden onun ölümüne sebep oldu.

Hz. Ömer [r.a] bu hikâyeyi de dinleyince,

- Sübhânellah! Bu hikâye de çok garip! Bunda da pek çok hikmet var. Şu var ki, Allah Teâlâ İslâmiyet'i bizlere göndermesiyle birlikte, insanların cezaları ahirete havale edildi. Nitekim Allah [c.c] âyet-i kerimesinde şöyle buyurmaktadır:

وَلَوْ يُؤَاخِذُ اللّٰهُ النَّاسَ بِمَا كَسَبُوا مَا تَرَكَ عَلٰى
ظَهْرِهَا مِنْ دَابَّةٍ وَلٰكِنْ يُؤَخِّرُهُمْ إِلٰى أَجَلٍ مُسَمًّى
فَإِذَا جَاءَ أَجَلُهُمْ فَإِنَّ اللّٰهَ كَانَ بِعِبَادِهِ بَصِيرًا

"Eğer Allah, yaptıkları yüzünden insanları (hemen) cezalandırsaydı, yeryüzünde hiçbir canlı yaratık bırakmazdı. Fakat Allah, onları belirtilmiş bir süreye kadar erteliyor. Vakitleri gelince (gerekeni yapar). Kuşkusuz Allah, kullarını görmektedir." [21]

Resûlullah'ın Bir Sahabiye Tavsiyesi

Resûl-i Ekrem [s.a.v] gerek üç aylarda gerekse senenin diğer kısımlarında oruç tutarken dahi itidal üzerine olunma-

21 Fâtır 35/45. Kıssa için bk. Beyhakî, *Kitâbü Fezâilü'l-Evkât*, s. 98-115.

sını tavsiye etmiş ve eğer sık sık oruç tutulacaksa, feyiz ve bereketinden ve de sevabının çokluğundan istifade edebilmek amacıyla mübarek gün ve gecelerin gözetilmesini tavsiye buyurmuşlardır. Şu hadis, bunu göstermektedir:

Mücîbetü'l-Bâhiliyye, babasından rivayetle anlatıyor: "Babası Resûlullah'ın [s.a.v] yanına gitmiş ve memleketine dönmüştü. Bir yıl sonra, hali ve görünüşü oldukça değişmiş olarak tekrar Hz. Peygamber'in [s.a.v] yanına gittiğinde,

- Ey Allah'ın Resûlü [s.a.v]! Beni tanıdınız mı, diye sordu. Hz. Peygamber [s.a.v],

- *Sen kimsin? (tanımadım),* buyurdu. O,

- Bir sene önce size gelmiş olan Bâhilî'yim, dedi. Hz. Peygamber [s.a.v],

- *Seni böylesine değiştiren nedir? Halbuki sen çok iyi görünüyordun,* buyurdu. O,

- Senden ayrıldığım günden beri, geceleri hariç, asla yemek yemedim, dedi. Bunun üzerine Resûlullah [s.a.v],

- *Kendine işkence etmişsin,* buyurdu ve ilave etti:

- *Sabır ayını (ramazan) bütünüyle, diğer aylardan da birer günü oruçlu geçir.* O,

- Benim için bu sayıyı artırınız. Zira benim gücüm bundan fazlasına yeter, dedi. Hz. Resûlullah [s.a.v],

- *O halde her aydan iki gün oruç tut,* buyurdu. Adam,

- Daha artırınız, dedi. Hz. Resûlullah [s.a.v],

- *Peki, her aydan üç gün,* buyurdu. Adam,

- Biraz daha artırınız, dedi. Hz. Resûlullah [s.a.v] ona,

- *Haram aylarında (receb, zilkade, zilhicce ve muharrem) üç gün oruç tut, bırak; üç gün oruç tut, bırak; üç gün oruç tut, bırak,* buyurdu ve üç parmağını birleştirip bırakmak suretiyle de fiilen gösterdi. [22]

Ebû Kılâbe [rh.a] şöyle demiştir: "Cennette bir saray vardır ki, bu saray receb ayında oruç tutanlar içindir." [23]

Üç Ayların Tamamı Oruçlu Geçirilir mi?

İbn Abbâs'ın [r.a] rivayet ettiğine göre, Resûlullah [s.a.v] receb ayının tamamında oruç tutmayı yasaklamıştır.[24] Receb ayında devamlı olarak bir ay boyu oruç tutmanın uygun görülmeyişinin sebebi, receb ve şaban aylarının ramazan ayına benzemesinden kaçınılmasıdır. Çünkü hiç kesintisiz bir ay boyunca oruç tutmak sadece ramazan ayına mahsustur.

Diğer aylarda nasılsa, receb ayında da ayın ortasında veya belli günlerinde yahut üçer gün ara vermek suretiyle oruç tutulması tavsiye edilmektedir. Ancak şimdilerde receb ayının ramazana benzemesi gibi bir durum olmadığından, receb ayını tam olarak tutmak isteyenlere de "tutma" denilmez.

Ramazan ayında bozmuş olduğu bir oruçtan dolayı kefâret orucu tutmak isteyenler için receb ve şaban ayı iyi bir fırsattır. Bir kimse receb ayının birinci gününden itibaren hiç ara vermeden şaban ayı da dâhil olmak üzere iki ay üst üste oruç tutarsa tam bir kefâret borcunu ödemiş olur. Peşinden ramazan ayının orucu da geleceğinden böylece üç ay boyu, bir gün dahi yemeden oruç tutmuş olur. Bu durumda oruç borcunu öderken aynı zamanda sevap hazinesini de doldurmuş sayılır.

22 Ebû Davud, Sıyâm, 55; Nesâî, Sıyâm, 77; İbn Mâce, Sıyâm, 43; Ahmed b. Hanbel, *el-Müsned,* 4/28; 6/383, 384.

23 Beyhakî, *Şuabü'l-İmân*, nr. 3802.

24 Beyhakî, *Şuabü'l-İmân*, nr. 3814.

ı. Regaib Kandili

Zamanın her anı değerlidir ve boşa harcanan zamanın telafisi mümkün değildir. Bazı zamanlar vardır ki onların kıymeti diğer zamanlardan daha fazladır. İşte bu zamanlardan biri de receb ayının ilk cuma gecesine rastlayan Regaib gecesidir. Bu gece ister recebin birinci gecesine isterse bir haftaya kadar diğer gecelerine rastlasın aynı hükümdedir. [25]

Regaib, "çok değerli hediye, bağış, içten gelerek ve yoğun bir şekilde arzu edilen şey" anlamlarına gelir. Cenâb-ı Hakk'ın, ilâhî ihsan ve manevi hediyelerinin diğer zamanlardan daha çok tecelli etmesi ve samimi kalple Allah'a yönelenlerin affedilme ümitleri dolayısıyla, müminler tarafından heyecanla beklendiği ve gönülden arzulandığı için receb ayının ilk cuma gecesine "Regaib kandili" denmiştir.

Bu gecenin mukaddes olmasının en önemli sebepleri arasında, Resûlullah Efendimiz'in [s.a.v] o günü dua, namaz, oruç gibi ibadetlerle geçirenler hakkında verdiği müjdeli haberlerdir. Ayrıca rivayetler arasında, bu günün Regaib gecesi olarak kutlanmasının nedenlerinden biri olarak, Resûl-i Ekrem'in [s.a.v] baba sülbünden ana rahmine bu gece düştüğü belirtilmektedir. [26]

Regaib kandili, Receb ayının 27. gecesindeki Mi'râc ve Şaban ayının 15. gecesindeki Berat kandillerini; ramazan ayını, Kadir gecesini ve ramazan bayramını müjdeleyen mübarek bir gecedir.

Amellerin hasat edileceği üç ayların bu ilk mübarek gecesinde yüce Mevlâ'dan af ve mağfiret dilenilir, ihsan ve ik-

25 Mehmet Zeki Pakalın, *Osmanlı Tarih Deyimleri ve Terimleri Sözlüğü*, 2/863.

26 Mehmet Zeki Pakalın, *Osmanlı Tarih Deyimleri ve Terimleri Sözlüğü*, 2/864; ayrıca bk. Kâmil Miras, *Sebîlürreşâd*, Nisan 1949, cilt 2, nr. 41.

ram beklenir. Bu gece, ümidin, teveccühün ve beklentinin gecesidir. Bu gecelerin nuru ve bereketi içinde kendimize, kalbimize yönelmeli, gönül sarayımızı bulandıran haset, kin, düşmanlık, haksızlık ve zulüm çamuruna bulaşmaktan sakınmalı, birbirimize, anne ve babamıza, yakınlarımıza sevgi ve iyilikle yaklaşmalıyız. Çünkü insan bu dünyada nasıl yaşamışsa, kıyamet gününde Allah'ın huzuruna öyle varacaktır. Götürdükleri iyi ise, sevinip mutlu olacak; kötü ise pişmanlık duyarak mahcup olacaktır. Ancak bu mahcubiyetin orada faydası da olmayacaktır. Bu konuda Kur'ân-ı Kerîm'de şöyle buyrulmaktadır:

يَٓا اَيُّهَا الَّذٖينَ اٰمَنُوا اتَّقُوا اللّٰهَ وَلْتَنْظُرْ نَفْسٌ مَا
قَدَّمَتْ لِغَدٍۚ وَاتَّقُوا اللّٰهَۜ اِنَّ اللّٰهَ خَبٖيرٌ بِمَا تَعْمَلُونَ

"Ey iman edenler! Allah'a karşı gelmekten sakının ve herkes, yarın için önceden ne göndermiş olduğuna baksın. Allah'a karşı gelmekten sakının. Şüphesiz Allah, yaptıklarınızdan hakkıyla haberdardır" (Haşr 59/18).

Regaib Kandilinde Neler Yapmalıyız?

Allah Teâlâ bu gecede müminlere ihsan ve ikramlarda bulunur. Bu geceye hürmet edenleri affeder. Bu gece yapılan dualar kabul olur, namaz, oruç, sadaka gibi ibadetlere sayısız sevaplar verilir. Regaib gecesini ibadetle geçirmeli, kazâsı olan, hiç değilse bir günlük kazâ namazı kılmalıdır. Kazâsı olmayan da nâfile namaz kılmalı, Kur'ân-ı Kerîm okumalı, tesbih çekmeli, tövbe ve istiğfar etmeli, kendisinin, ailesinin ve tüm müslümanların selâmeti, affı ve mağfireti için dualar etmelidir. Perşembe günü oruç tutup, gecesini de ihya etmek çok sevaptır.

Gavs Seyyid Abdülhakim Hüseynî [k.s] geceleri ibadetle ihya etmenin önemine bir sohbetinde şöyle değinmişlerdir:

"Gece ibadet etmenin bir diğer fazileti de, kişinin yapacağı ibadet ve taatte nefsin vücut bulmaması, ona karışmamasıdır. Nefis, gecenin sessizliğinde herkesin tatlı uykuda olduğu bir zamanda kalkıp Allah'a [c.c] ibadette bulunan kişide kendisine bir hisse çıkaramaz. Hiç kimse tarafından görülmeyeceğinden ibadetine riya karışması mümkün olmaz. Allah'ın [c.c] rahmeti, âdeta baharda yağan iri taneli sağanak yağmurları gibi, gece gündüz âleme yağmaktadır. Bu ilâhî rahmetten ancak gaflette olmayan kimselerle geceleri uyanık olan kimseler istifade edebilir.

İşte, herkesin uykuda olduğu bir saatte kalkıp vird çeken yahut sünnet veya varsa kazâ namazları kılmak suretiyle meşgul olan, gaflette olmayan, kalbi uyanık olan kimselerin üzerine ilâhî rahmet yağmurları saçılır. Herkesin uyuduğu bir saatte, tatlı uykusunu feda ederek kalkan, abdestini alıp nâfile sünnet veya kazâ namazlarını kılan yahut vird ve zikriyle meşgul olan, sonunda ellerini kaldırıp boynu bükük, gözü yaşlı olarak Rabb'inden isteyen, yalvaran-yakaran kimse, şüphesiz Allah'ın [c.c] büyük teveccühlerine ve sevgisine mazhar olur." [27]

Resûlullah Efendimiz [s.a.v] bu gecenin gündüzünde oruç tutmak hakkında şöyle buyurmuştur: *"Her kim receb ayının ilk (cuma) günü oruç tutarsa, bu onun için (sevap bakımından) bir senelik oruca denk olur. Her kim yedi gün oruç tutarsa, onun için cehennem kapıları kapatılır. Bir kişi receb ayında on gün oruç tutarsa, semadan bir melek şöyle seslenir: Şimdi iste! Çünkü her istediğin sana verilecektir."* [28]

27 Abdülhakim Hüseynî, *Sohbetler,* s. 288-289.
28 İbn Asâkir, *Târîhu Medîneti Dımaşk,* 51/238.

Bir başka hadisinde Hz. Peygamber [s.a.v] buyurmuştur ki:

إِنَّ الدُّعَاءَ يُسْتَجَابُ فِى خَمْسِ لَيَالٍ فِى لَيْلَةِ الْجُمُعَةِ

وَلَيْلَةِ الأَضْحَى وَلَيْلَةِ الْفِطْرِ وَأَوَّلِ لَيْلَةٍ مِنْ رَجَبٍ

وَلَيْلَةِ النِّصْفِ مِنْ شَعْبَانَ

"Beş gece vardır ki onlarda yapılan dua geri çevrilmez: Cuma gecesi, kurban ve ramazan bayramı geceleri (arefe gününü bayrama bağlayan geceler), recebin ilk (cuma) gecesi (Regaib kandili), şabanın ortasında bulunan gece (Berat kandili)." [29]

Dua ne zaman yapılırsa yapılsın, kulluğumuzu yaratanımıza ifade etmektir. Peygamber Efendimiz [s.a.v] bunu bir kutsî hadiste şöyle ifade etmiştir:

"Allah Teâlâ şöyle buyuruyor: Ey âdemoğlu! Sen bana dua ettiğin ve benden affını umduğun sürece, işlediğin günahlar ne kadar çok olursa olsun, onların büyüklüğüne bakmadan seni bağışlarım.

Ey âdemoğlu! Günahların gökyüzünü kaplayacak kadar çok olsa, sonra da benden affını dilesen, seni affederim.

Ey âdemoğlu! Sen yeryüzünü dolduracak kadar günahla karşıma gelsen; fakat bana hiçbir şeyi ortak koşmamış olsan, şüphesiz ben de seni yeryüzü dolusu bağışla karşılarım." [30]

Elbette insanın yalnız belli bir zamanda Allah'a ibadet etmesi yeterli değildir. İslâm'a göre kulluk devamlılık ister. İbadeti belirli günlere has kılmak dinimizdeki ibadet anla-

29 Beyhakî, *Şuabü'l-İmân*, nr. 3711; *es-Sünenü'l-Kübrâ*, nr. 6518; Abdürrezzâk, *el-Musannef*, nr. 7927.

30 Tirmizî, Daavât, 98; ayrıca bk. Ahmed b. Hanbel, *el-Müsned*, 5/172.

yışına aykırıdır. İbadetlerin ve güzel amellerin devamlı ve ihlâsla yapılması gereklidir. Receb ayında idrak ettiğimiz ilk kandil olan Regaib kandilinde işlediğimiz güzel amellere kandil sonrasında da devam etmeliyiz.

Mesrûk [r.a] anlatıyor: Bir gün Hz. Âişe'ye [r. anhâ],

- Resûlullah'a göre hangi amel daha faziletliydi, diye sordum. Bana,

- Devamlı olan, diye cevap verdi.[31]

İnsan doğumuyla birlikte uzun bir yolculuğa çıkmaktadır. Bu ebedî âleme olan bir yolculuktur. Böyle bir yolculuğa çıkanın elbette yeterli miktarda azığı olmalıdır. O azık da ancak Allah'a olan samimi kulluğumuz ve ibadetlerimizdir. Bu azığı da bütün hayatımıza yayacağımız düzenli bir ibadet yaşantısı ile kazanabiliriz. Gavs-ı Bilvânisî Abdülhakim el-Hüseynî [k.s] bir sohbetlerinde bu hususla ilgil olarak şu tavsiyelerde bulunmuştur:

"Dünya ticaretiyle uğraşan kimse nasıl her akşam işinin muhasebesini yapar, o gününü nasıl değerlendirdiğini düşünür, bilançosunu çıkarır; kârlı ve bol kazançlı bir gün geçirmişse sevinir, neşelenir, ticareti kesat gidip de o gün iyi kazanç temin edememişse üzülür, kederlenir ve belki de bu yüzden sabaha kadar uyuyamazsa, ahiret yolcusunun da aynen böyle olması icap etmez mi? Onlar da aynı yolu takip etmeli, akşam yatmadan önce mutlaka o günün muhasebesini yapmalı, bilançosunu çıkarmalıdır. Eğer gününü kârlı bir şekilde kapatmışsa, Allah'a hamdü senâ ederek, 'Elhamdülillâh, bugün Allah rızasını tahsil için iyi bir gün geçirdim' demelidir. Şayet o günü amel yönünden kazançlı geçmemişse; zaradaysa mahzun olmalı, gam çekmeli, durumunun düzelmesi için Allah Teâlâ'ya yalvarıp

31 Buhârî, Rikâk, 18.

yakarmalıdır. Zira insanın gerçek malı mülkü, ahiretine faydası olanlardır. Dünya malının ahirete pek faydası yoktur. Çünkü dünya için çalışıp çırpınan, dünya malını yığıp zengin olmaya çalışan kimsenin topladığı mal, zenginlik Allah yolunda sarfedilmemişse, dünyada kalıcıdır. Ahiret için faydası yoktur." [32]

Rabbim bu mübarek geceleri en güzel şekilde değerlendirmeyi, hakkıyla feyizlenmeyi nasip eylesin.

II. Mi'rac Kandili

Mi'rac, "yukarı çıkmak, yükselmek" anlamına gelir. Peygamber Efendimiz'in [s.a.v] göğe yükselerek Cenâb-ı Mevlâ'nın huzuruna kabul edildiği geceye Mi'rac gecesi denmiştir.

Mi'rac Olayı

Mi'rac hadisesi, bir dizi sıkıntılı ve üzücü olaydan sonra meydana gelmiştir. Resûlullah Efendimiz'in [s.a.v] mübarek eşi Hz. Hatice validemiz [r.anhâ] vefat etmiş, ardından da amcası Ebû Tâlib'in ölümüyle daha da yıkılmıştır. Her iki yakınını da aynı sene içinde kaybettiği için o seneye "hüzün yılı" denilmiştir. Resûlullah Efendimiz'in [s.a.v] günlerce dışarı çıkmadığı olmuştur.

Hz. Hatice validemiz [r.anhâ] hayatta iken Resûlullah'ın [s.a.v] destekçisiydi. Ona her daim sabretmesini telkin ediyor, onu teselli ediyordu. Allah'ın [c.c] kendisini muzaffer kılacağını söylüyordu. Ebû Tâlib de öyle ... O, Kureyş'e karşı güçlü bir himayeci ve yardımcı idi. Amcası Ebû Tâlib ölünce Kureyşliler, o hayatta iken Hz. Peygamber'e [s.a.v] yapamadıkları eziyetleri yapmaya başladılar.

32 Aldülhakim el-Hüseynî, *Sohbetler,* s. 290.

Kureyşliler'den biri Resûlullah'ın [s.a.v] önünü keserek başına toprak savurmuştu. Resûl-i Ekrem [s.a.v] evine girerken, topraklar hâlâ başında idi. Kızlarından biri babasının toz toprak içinde olduğunu görünce hemen kalktı ve onun başını temizleme başladı. Bu esnada da ağlıyordu. Resûlullah ise [s.a.v] ona şöyle diyordu:

"Ağlama ey kızcağızım! Şüphesiz Allah, babanı koruyacaktır." [33]

İbn Mesud [r.a] anlatıyor: Bir ara Resûlullah [s.a.v] Kâbe'de namaz kılıyordu. Ebû Cehil ve tayfası da orada oturuyordu. Bir gün önce Kâbe'nin yakınında bir deve kesilmişti. Ebû Cehil [aleyhillane] yanındakilere,

- Hanginiz kalkıp şu deve işkembesini Muhammed secdeye gittiği zaman başına koyacak, dedi. Ebû Cehil'in bu sözü üzerine aralarından biri kalktı, işkembeyi aldı, Resûlullah [s.a.v] secdeye vardığı zaman boynunun üzerine bıraktı. Ebû Cehil ve arkadaşları hep birden kahkaha atmaya başladılar. O sırada ben de olan biteni izliyordum. Kendi kendime,

- Eğer o şeyi Resûlullah'ın [s.a.v] sırtından kaldırabilecek imkânım olsaydı elbette kaldırırdım, dedim. Resûl-i Ekrem [s.a.v] secdedeydi ve başını kaldıramıyordu. Sonra biri gitti ve durumu kızı Fâtıma'ya [r. anhâ] haber verdi. Hz. Fâtıma [r. anhâ] o zamanlar daha küçüktü; geldi ve babasının omzundaki işkembeyi kaldırıp attı.

Resûlullah [s.a.v] namazını bitirdikten sonra sesini yükselterek,

- *Allahım! Kureyş'i sana havale ediyorum,* diye onlar hakkında üç kere bedduada bulundu. Resûlullah'ın [s.a.v] bu

33 İbn Kesîr, *el-Bidâye ve'n-Nihâye,* 2/120.

bedduasını işitenlerin gülmeleri kesildi. Korktular. Resûl-i Ekrem [s.a.v] devamla şöyle dedi:

- *Allahım! Ebû Cehil'i, Ukbe'yi, Utbe'yi, Şeybe'yi, Velîd b. Utbe'yi ve Ümeyye b. Halef'i sana havale ediyorum.*

Abdullah b. Mesud [r.a] diyor ki: "Muhammed'i hak peygamber olarak gönderen Allah adına yeminle söylüyorum ki, Resûlullah'ın [s.a.v] isimlerini saydıklarının hepsinin, Bedir Gazvesi'nde boylu boyuna yere serilmiş olduklarını gördüm."[34]

Allah Resûlü [s.a.v] işte bu ve buna benzer sıkıntılı hadiselerle yüzyüze ve zâhiren yapayalnız kalmış durumdayken mi'rac hadisesi meydana gelmiştir. Hz. Peygamber [s.a.v] hicretten bir buçuk yıl kadar önce Receb ayının 27. gecesi, Cebrâil [a.s] vasıtasıyla Mekke'den alınmış, oradan Kudüs'teki Mescid-i Aksâ'ya getirilmiştir.

Âyet-i kerimede bu husus şöyle anlatılmıştır:

سُبْحَانَ الَّذٖى اَسْرٰى بِعَبْدِهٖ لَيْلًا مِنَ الْمَسْجِدِ
الْحَرَامِ اِلَى الْمَسْجِدِ الْاَقْصَا الَّذٖى بَارَكْنَا حَوْلَهُ
لِنُرِيَهُ مِنْ اٰيَاتِنَاۜ اِنَّهُ هُوَ السَّمٖيعُ الْبَصٖيرُ

"Bir gece, kendisine âyetlerimizden bir kısmını gösterelim diye (Muhammed) kulunu Mescid-i Harâm'dan, çevresini mübarek kıldığımız Mescid-i Aksâ'ya götüren Allah noksan sıfatlardan münezzehtir; O, gerçekten işitendir, görendir" (İsrâ 17/1).

Peygamber Efendimiz [s.a.v] burada birçok peygamberle görüşmüş ve onlara imamlık yaparak namaz kıldırmıştır.

34 Buhârî, Salât, 109.

İşte Resûlullah'ın [s.a.v] Mekke'den alınıp Kudüs'e getirilmesine, Kur'an'ın tabiriyle gece yürüyüşü anlamına gelen "İsrâ" adı verilmektedir.

Aslında Resûlullah'ın [s.a.v] gerçek yolculuğu bundan sonra başlamıştır. İşte "mi'rac", adını bu yolculuktan alır.

ii. Mi'rac Hadisesinden Bir Kesit

Resûlullah Efendimiz'in [s.a.v] yaşamış olduğu mi'rac hadisesi, mütevâtir derecesine ulaşmış bir hadistir. Pek çok hadis kitabında Resûlullah Efendimiz'in [s.a.v] mi'racı anlatılmıştır. Biz de burada, mi'racın anlatıldığı hadislere kısaca değinmek istiyoruz:

Değişik rivayetlerden elde ettiğimiz bilgilere göre, Resûlullah Efendimiz [s.a.v] mi'rac hadisesini farklı zamanlarda sahabilerine şöyle anlatmıştır:

Bir ara ben Beyt'in (Kâbe'nin) yanında, uyku ile uyanıklık arasında iken, Cebrâil [a.s] içi iman ve hikmet dolu altın bir kap getirdi. Göğsüm başlangıcından karın yumuşağına kadar yarıldı. Sonra Cebrâil [a.s] içini zemzem suyu ile yıkayıp içine iman ve hikmet doldurdu. Sonra, merkeple katır arası; beyaz bir binek hayvanı (burak) yanıma getirildi. Buraka bindim, öyle hızlı ilerliyordu ki, adımını gözünün alabildiği en son noktaya atabiliyordu.

İlerlerken yolun kenarında yaşlı bir kocakarıya rastladım. Ey Cibrîl, bu nedir, dedim. Cibrîl [a.s],

- Yürü yâ Muhammed, dedi. Allah'ın dilediği miktarda yolumuza devam ettik. Sonra bir de baktım ki, yolun bir köşesinde uzakta biri beni çağırıyor:

- Gel yâ Muhammed, diyor. Cibrîl [a.s] dedi ki:

- Yürü yâ Muhammed! Allah'ın dilediği miktarda yolumuza devam ettik. Sonra büyük bir kalabalığa rastladık:

- Selâm olsun sana ey evvel, selâm olsun sana ey ahîr, selâm olsun sana ey haşir, dediler. Cibrîl [a.s] bana dedi ki:

- Yâ Muhammed! Onların selâmını iade et.

- Ben de onların selâmına karşılık verdim. Sonra Cibrîl-i Emin [a.s] bunları şöyle açıkladı:

- Yolun kenarında gördüğün yaşlı kadına gelince; o dünyadır. Dünyanın ömrü o yaşlı kadının ömründen daha fazla kalmamıştır. Kendisine dönmeni isteyene gelince, o Allah düşmanı İblîs'tir. Senin kendisine meyletmeni istedi. Sana selâm verenlere gelince; bunlar İbrahim, Musa ve İsa'dır [aleyhimü's-salât]. [35]

Hızla ilerledik. Hurmalık bir yere vardığımızda, Cebrâil [a.s] bana,

- İn ve iki rekât namaz kıl, dedi. Ben de inip kıldım. Sonra buraka binip ilerledik. Cebrâil [a.s],

- Nerede namaz kıldığını biliyor musun, dedi. Ben,

- Hayır, dedim. O,

- Yesrib'de, Taybe'de (Medine'de) namaz kıldın, dedi. Burak üzerinde hızla giderken yine,

- İn, namaz kıl, dedi. Ben de inip kıldım. Sonra tekrar binip ilerlemeye başladık. O,

- Nerede namaz kıldığını biliyor musun, dedi. Ben,

- Bilmiyorum, dedim. O,

- Musa'nın ilâhî tecelliye mazhar olduğu ağacın yanında namaz kıldın, dedi. Burak ayağını gözünün iliştiği en son noktaya atıyordu. Sonra evler, köşkler gözükmeye başladı. Cebrâil [a.s] bana,

- İn, namaz kıl, dedi. Ben de inip namaz kıldım. Sonra buraka binip ilerledik. O bana,

35 Beyhakî, *Delâilü'n-Nübüvve*, 2/362.

- Nerede namaz kıldığını biliyor musun, dedi. Ben de,

- Hayır, dedim. O,

- İsa'nın doğduğu yer olan Beytülahm'de, dedi. Sonra şehre (Kudüs'e) sağ kapısından girdik. Mescidin (Mescid-i Aksâ) kıble tarafına geçtik. Cebrâil burada burakı bağladı. Sonra mescide girdik. Girdiğimiz kapının üzerinde güneş ve ay resimleri vardı. Mescidde Allah'ın nasip ettiği kadar namaz kıldım. Sonra beni şiddetli bir susuzluk sardı ve bana iki kadeh sunuldu. Birinde süt, diğerinde bal vardı. Ben, Allah'ın bana olan hidayeti sayesinde içinde süt olan kadehi tercih edip içtim. Önümde yaşlı bir adam oturmakta idi. Cibrîl'e [a.s] hitaben,

- Arkadaşın gerçekten fıtratı seçti, dedi.[36]

Cibrîl [a.s] ile beraber yola çıktık. (Beytülmakdis'ten sonra) Dünya semasına vardık.

- Kim o, denildi. Cibrîl,

- Cibrîlim, dedi.

- Yanındaki kimdir, denildi. Cibrîl [a.s],

- Muhammed, diye cevap verdi.

- Ona izin gönderilmiş miydi? Mi'raca çıkması için izin verilmiş miydi, diye soruldu. Cibrîl [a.s],

- Evet, dedi.

- Merhaba o zata. Bu gelen kişi ne güzel geldi, denildi. Sonra Hz. Âdem'in [a.s] yanına geldim ve ona selâm verdim. Bana,

- Hem nebî ve hem oğul! Hoş safa geldin, dedi.

Sonra biz ikinci kat semaya vardık. İçeriden,

36 Beyhakî, *Delâilü'n-Nübüvve*, 2/356.

- Kim o, denildi. Cibrîl [a.s],

- Cibrîlim, dedi.

- Yanındaki kimdir, denildi. Cibrîl [a.s],

- Muhammed, diye cevap verdi.

- Ona izin gönderilmiş miydi? Mi'raca çıkması için izin verilmiş miydi, diye soruldu. Cibrîl [a.s],

- Evet, dedi.

- Merhaba o zata. Bu gelen kişi ne güzel geldi, denildi. Sonra Hz. İsa ve Yahya'nın yanına geldim ve onlara selâm verdim. Bana,

- Hem nebî ve hem kardeş! Hoş, safa geldin, dediler.

Sonra üçüncü kat semaya vardık. İçeriden,

- Kim o, denildi. Cibrîl [a.s],

- Cibrîlim, dedi.

- Yanındaki kimdir, denildi. Cibrîl [a.s],

-Muhammed, diye cevap verdi.

- Ona izin gönderilmiş miydi? Mi'raca çıkması için izin verilmiş miydi, diye soruldu. Cibrîl [a.s],

- Evet, dedi.

- Merhaba o zata. Bu gelen kişi ne güzel geldi, denildi. Sonra Hz. Yusuf'un [a.s] yanına geldim ve ona selâm verdim. Bana,

- Hem nebî ve hem kardeş! Hoş, safa geldin, dedi.

Sonra dördüncü kat semaya vardık. İçeriden,

- Kim o, denildi. Cibrîl [a.s],

- Cibrîlim, dedi.

- Yanındaki kimdir, denildi. Cibrîl [a.s],

- Muhammed, diye cevap verdi.

- Ona izin gönderilmiş miydi? Mi'raca çıkması için izin verilmiş miydi, diye soruldu. Cibrîl [a.s],

- Evet, dedi.

- Merhaba o zata. Bu gelen kişi ne güzel geldi, denildi. Sonra Hz. İdris'in [a.s] yanına geldim ve ona selâm verdim. Bana,

- Hem nebî ve hem kardeş! Hoş, safa geldin, dedi.

Sonra beşinci kat semaya vardık. İçeriden,

- Kim o, denildi. Cibrîl [a.s],

- Cibrîlim, dedi.

- Yanındaki kimdir, denildi. Cibrîl [a.s],

- Muhammed, diye cevap verdi.

- Ona izin gönderilmiş miydi? Mi'raca çıkması için izin verilmiş miydi, diye soruldu. Cibrîl [a.s],

- Evet, dedi.

- Merhaba o zata. Bu gelen kişi ne güzel geldi, denildi. Sonra Hz. Harun'un [a.s] yanına geldim ve ona selâm verdim. Bana,

- Hem nebî ve hem kardeş! Hoş, safa geldin, dedi.

Sonra altıncı kat semaya vardık. İçeriden,

- Kim o, denildi. Cibrîl [a.s],

- Cibrîlim, dedi.

- Yanındaki kimdir, denildi. Cibrîl [a.s],

- Muhammed, diye cevap verdi.

- Ona izin gönderilmiş miydi, Mi'raca çıkması için izin verilmiş miydi, diye soruldu. Cibrîl [a.s],

- Evet, dedi.

- Merhaba o zata. Bu gelen kişi ne güzel geldi, denildi. Sonra Hz. Musa'nın [a.s] yanına geldim ve ona selâm verdim. Bana,

- Hem nebî ve hem kardeş! Hoş, safa geldin, dedi. Hz. Musa'nın [a.s] yanından ayrılırken ağlamaya başladı.

- Seni ağlatan nedir, diye soruldu.

- Yâ Rabbi! Bu (Muhammed) benden sonra gönderilen peygamberlerdendir. Onun ümmetinden cennete girecekler, benim ümmetimin gireceklerinden daha çoktur, dedi.

Sonra yedinci kat semaya vardık. İçeriden,

- Kim o, denildi. Cibrîl [a.s],

- Cibrîlim, dedi.

- Yanındaki kimdir, denildi. Cibrîl [a.s],

-Muhammed! diye cevap verdi.

- Ona izin gönderilmiş miydi? Mi'raca çıkması için izin verilmiş miydi, diye soruldu. Cibrîl [a.s],

- Evet, dedi.

- Merhaba o zata. Bu gelen kişi ne güzel geldi, denildi. Sonra Hz. İbrahim'in [a.s] yanına geldim ve ona selâm verdim. Bana,

- Hem nebî ve hem oğul! Hoş safa geldin, dedi.

Sonra bana beytülma'mûr gösterildi. Cibrîl'e [a.s] bunun ne olduğunu sordum. O da,

- Bu, beytülma'mûrdur. Burada her gün 70.000 melek namaz kılar. Melekler namazlarını kılıp buradan çıkınca bir daha oraya dönemezler (onlara sıra gelmez), dedi.

Sonra bana sidretü'l-müntehâ (sınır ağacı) gösterildi. Bir de gördüm ki sidr ağacının yemişleri Hecer (kasabası) çömlekleri büyüklüğünde! Yaprakları da fillerin kulakları gibi ... Bu ağacın kökünden dört nehir çıkıyordu. İki nehir içeri, iki nehir de dışa doğru akıyordu. Cibrîl'e [a.s],

- Bu dört nehir nedir, diye sordum. Cibrîl [a.s],

- İkisi cennete doğru akar. Dışa doğru olanlar da Nil ile Fırat nehirleridir, dedi.

Daha sonra cennete götürüldüm. Orada, içinde bozulmayan sudan ırmaklar, tadı değişmeyen sütten ırmaklar, içenlere lezzet veren şaraptan ırmaklar ve süzme baldan ırmaklar vardı. Ardından cehennem gösterildi. Orada Allah'ın gazabı ve intikamı vardı. Eğer oraya taşlar veya demirler atılsaydı, cehennem onu hemen yiyiverecekti. Sonra tekrar sidretü'l-müntehâya götürüldüm. Sidr ağacının her yanını Allah'ın nuru kuşatmıştı. Onu anlatmaktan, tarif etmekten akıl ve dil âciz kalır.

Sidretü'l-müntehâya gelindiğinde Cebrâil [a.s] durdu ve Resûlullah'a [s.a.v],

- Ey Muhammed! Sen devam et. Zira ben buradan ötesine geçemem. Buradan öteye geçilmesine senden başka kimseye izin verilmemiştir, dedi.

Resûl-i Ekrem [s.a.v], refref denilen bir vasıta ile Allah'ın dilediği yere geldi. Bir rivayette, Peygamberimiz [s.a.v] şöyle buyururlar:

"Sidreden sonra öyle bir yere yükseldim ki, kazâ ve kaderi yazan kalemlerin çıkardıkları sesleri duydum. Arşın altına geldiğimde, arşın üstüne baktım; ne zaman var, ne mekân, ne de cihet. Rabbim'in şu sesini işittim:

- Ey yaratılmışların en hayırlısı, yaklaş! Ey Ahmed, yaklaş! Ey Muhammed, yaklaş diye ...

Rabbim beni, buyurduğu gibi, "İki yay arası hatta daha yakın" bir şekilde yaklaştırdı. [37] Azîz ve celîl olan olan Rabbim'i dünya gözüyle gördüm. [38]

Sidretü'l-müntehâda geçen olaylar Necm sûresinin ilk âyetlerinde şöyle anlatılmaktadır:

ثُمَّ دَنَا فَتَدَلَّى فَكَانَ قَابَ قَوْسَيْنِ أَوْ أَدْنَى فَأَوْحَى إِلَى عَبْدِهِ
مَا أَوْحَى مَا كَذَبَ الْفُؤَادُ مَا رَأَى أَفَتُمَارُونَهُ عَلَى مَا يَرَى
وَلَقَدْ رَآهُ نَزْلَةً أُخْرَى عِنْدَ سِدْرَةِ الْمُنْتَهَى عِنْدَهَا جَنَّةُ
الْمَأْوَى إِذْ يَغْشَى السِّدْرَةَ مَا يَغْشَى مَا زَاغَ الْبَصَرُ
وَمَا طَغَى لَقَدْ رَأَى مِنْ آيَاتِ رَبِّهِ الْكُبْرَى

"Sonra (Muhammed'e) yaklaştı, derken daha da yaklaştı. O kadar ki (birleştirilmiş) iki yay arası kadar, hatta daha da yakın oldu. Sonra Allah, kuluna vahyini bildirdi. (Gözleriyle) gördüğünü kalbi yalanlamadı. Onun gördükleri hakkında şimdi kendisi ile tartışacak mısınız?

Andolsun (Muhammed) onu (Cebrâil'i), sidretü'l-müntehânın yanında önceden bir defa daha görmüştü. Cennetü'l-me'vâ da onun yanındadır. Sidreyi kaplayan kaplamıştı. Gözü kaymadı ve sınırı aşmadı. Andolsun o, Rabb'inin en büyük âyetlerinden bir kısmını gördü" (Necm 53/8-18).

Sonra Cebrâil [a.s] Peygamber Efendimiz'e [s.a.v], Rabb'ine selâm vermesini işaret etti. Bunun üzerine Resûl-i Ekrem [s.a.v],

اَلتَّحِيَّاتُ لِلّٰهِ وَالصَّلَوَاتُ وَالطَّيِّبَاتُ

"et-Tahiyyâtü lillâhi ve's-salavâtü ve't-tayyibât"

---

37 İsmail Hakkı Bursevî, *Rûhu'l-Beyân*, 5/145.

38 Aynî, *Umdetü'l-Kârî*, 10/589.

“En güzel övgüler, selâmlar, ibadet ve taatler Allah’a mahsustur. O’na layıktır” dedi.

Bunun üzerine Allah [c.c] peygamberine şöyle karşılıkta bulundu:

اَلسَّلاَمُ عَلَيْكَ أَيُّهَا النَّبِىُّ وَرَحْمَةُ اللّٰهِ وَبَرَكَاتُهُ

“es-Selâmü aleyke eyyühe’n-nebiyyü ve rahmetullahi ve berekâtühü”

“Selâm sana olsun ey nebî! Allah’ın rahmeti ve bereketi de sana olsun.”

Namaz müminin mi‘racı olduğu için, Resûl-i Ekrem’in [s.a.v] mi‘racda bu duayı okuması gibi müminler de namazlarında bu duayı okumalıdırlar.

Resûl-i Kibriyâ Efendimiz [s.a.v] bu selâmdan, rahmet ve bereketten ümmetinin de nasiplenmesini istedi ve,

اَلسَّلاَمُ عَلَيْنَا وَعَلَى عِبَادِ اللّٰهِ الصَّالِحِينَ

“es-Selâmü aleynâ ve alâ ibâdillâhi’s-sâlihîn”

“Selâm (Allah’ın rahmeti, esenliği ve bereketi) bize ve Allah’ın salih kullarına olsun” buyurdu.

Bunu gören Cebrâil [a.s] ve semavattaki bütün melekler şöyle karşılık verdiler:

أَشْهَدُ أَنْ لاَ إِلَهَ إِلاَّ اللّٰهُ وَأَشْهَدُ أَنَّ مُحَمَّدًا عَبْدُهُ وَرَسُولُهُ

“Eşhedü enlâ ilâhe illallah ve eşhedü enne Muhammeden abdühü ve resûlühü”

“Ben şahitlik ederim ki, Allah’tan başka hiçbir ilâh yoktur ve ben yine şahitlik ederim ki, Muhammed O’nun kulu ve peygamberidir.” [39]

39 Semerkandî, *Bahrü’l-Ulûm,* 1/240; Kurtubî, *el-Câmi‘ li-Ahkâmi’l-Kur’ân,* 1/363.

Sonra bana elli vakit namaz farz kılındı. Ben dönüp Hz. Musa'ya [a.s] uğradığımda bana,

- Ey Muhammed [s.a.v]! Allah [c.c] sana neler emretti, diye sordu.

- Elli vakit namaz farz kılındı, diye cevap verdim. Bunun üzerine Hz. Musa [a.s],

- Ben İsrâiloğulları'nı çok defa tecrübe ettim. Ben insanların halini çok iyi bilirim. Benim ümmetim bundan çok daha az şeyleri yapamadılar. Senin ümmetin de buna güç yetiremez. Rabb'ine dön ve O'ndan bu miktarı hafifletmesini iste, dedi.

Bunun üzerine Hz. Peygamber [s.a.v] geri döndü. İlâhî huzura çıkıp secdeye kapandı, yalvardı. Allah Teâlâ namazların vakitlerini kırka indirdi.

Resûlullah [s.a.v] geri döndüğünde Hz. Musa [a.s] Rabb'inin nasıl bir ikramda bulunduğunu sordu. Resûlullah [s.a.v] namaz vakitlerinin kırk vakte indirildiğini söyleyince, Musa [a.s],

- Git ve Allah'tan [c.c.] bunun hafifletilmesini iste; çünkü ümmetin buna güç yetiremez, dedi.

Resûlullah [s.a.v] tekrar ilâhî huzura çıktı, secdeye kapandı ve Rabb'inden bunun hafifletilmesini istedi. Allah Teâlâ da namaz vakitlerini otuza indirdi. Nebî [s.a.v], Hz. Musa'nın [a.s] yanına uğradığında o yine bunun ümmetine ağır geleceğini ve Rabb'inden hafifletilmesini istemesi gerektiğini söyledi. Resûlullah [s.a.v], Hz. Musa'nın [a.s] tavsiyesiyle Allah Azze ve Celle'nin huzuruna gidip geldi. Allah Teâlâ namaz vakitlerini beşe indirmişti. Musa [a.s], yine Peygamber Efendimiz'e [s.a.v] bunun ümmete ağır geleceğini ve Rabb'inden hafifletmesini istemesini söyleyince Resûlullah [s.a.v],

- Rabbim'den bu hususta çok istekte bulundum ve artık O'ndan utanır oldum, dedi. Sonra şöyle nida edildi:

"Ben farzlarımı tamamladım. Kullarıma hafiflik gösterdim. Beş vakit namazı on misliyle kabul edeceğim." [40]

Resûlullah [s.a.v] o sonsuz âlemden dönüşünde müminlere hediyeler de getirmiştir. Bu manevi hediyeler yüce Allah'a şirk koşmayan her müslümanın cennete gireceği, Bakara sûresinin son üç âyeti (Âmene'r-resûlü) ve beş vakit namazdır.

Bakara sûresinin son âyetlerinde Allah [c.c] şöyle buyurmaktadır:

"Peygamber, Rabb'i tarafından kendisine indirilene iman etti, müminler de (iman ettiler). Her biri Allah'a, meleklerine, kitaplarına, peygamberlerine iman ettiler. 'Allah'ın peygamberlerinden hiçbiri arasında ayırım yapmayız. İşittik, itaat ettik. Ey Rabbimiz, affına sığındık! Dönüş sanadır' dediler.

Allah her şahsı, ancak gücünün yettiği ölçüde mükellef kılar. Herkesin kazandığı (hayır) kendine, yapacağı (şer) de kendinedir.

Rabbimiz! Unutursak veya hataya düşersek bizi sorumlu tutma!

Ey Rabbimiz! Bizden öncekilere yüklediğin gibi bize de ağır bir yük yükleme!

Ey Rabbimiz! Bize gücümüzün yetmediği işler de yükleme!

Bizi affet!

Bizi bağışla" (Bakara 2/285-286).

40 Mi'rac hadisi için bk. Buhârî, Salât, 1; Müslim, İmân, 74; Ahmed b. Hanbel, *el-Müsned*, 4/143; İbn Kesîr, *el-Bidâye ve'n-Nihâye*, 1/97.

İmam Kurtubî [rh.a] Bakara sûresinin 285 ve 286. âyetlerinin tefsirini yaparken şöyle demiştir: "Hasan-ı Basrî, Mücâhid ve Dahhâk'ın bildirdiklerine göre, Bakara sûresinin son üç âyeti (Âmene'r-resûlü), mi'rac hadisesiyle alakalıdır. Hatta bazı âlimlerin bildirdiklerine göre, Kur'ân-ı Kerîm'in tamamı dünyada indirilmesine rağmen bu âyetler mi'rac esnasında indirilmiştir.

Hz. Peygamber [s.a.v], isrâ ve mi'rac mucizesiyle, dünya üzerindeki yolculuğundan semalara doğru bir yolculuğa, hiçbir gözün görmediği ve hiçbir kulağın işitmediği, Allah'ın kendisine ve ümmetine birçok hediye verdiği bir yükseliş gerçekleştirmiştir. Cennet nimetlerini ve cehennem azabını müşahede etmiştir. Aslında, en önemlisi mi'rac, sevgilinin sevgiliye kavuştuğu gecedir ... Kur'an'ın da anlatımıyla, Resûlullah [s.a.v] Allah'a [c.c] iki yay arası ve hatta daha da yakın olmuş ve onu baş gözü ile görmüştür.

Mi'racdan Bazı Manzaralar

Namaz Kılmayanlar

Allah Resûlü'ne [s.a.v] bir grup insan gösterildi. Başları büyükçe bir taşla eziliyordu. Ezilen baş tekrar eski haline dönüyor, azap yeniden başlıyor ve bu iş hiç ara verilmeden devam ediyordu. Peygamberimiz [s.a.v],

- Ey Cebrâil, bunlar kimlerdir, diye sordu. Cebrâil [a.s],

- Onlar (namaza engel hiçbir özürleri yokken, bilerek) farz namazlarını kılmayan, namazdan kaçan kimselerdir, dedi.

Zekât Vermeyenler

Allah Resûlü'ne [s.a.v] başka bir grup insan gösterildi. Üzerlerinde sadece ön ve arkalarını (avret yerlerini) kapatan bir bez parçası buluyordu. Bunlar, tıpkı hayvanların otlaması gibi dikenleri, zakkumu, cehennemin çakılları ve kızgın taşlarını yiyorlardı.

- Ey Cebrâil, bunlar da kim, diye sordum. O da,

- Bunlar mallarının zekâtlarını vermeyenlerdir. Allah onlara zulmetmiyor. Çünkü O, kullarına asla zulmetmez, dedi.

Zina Edenler

Allah Resûlü'ne [s.a.v] başka bir grup insan gösterildi. Önlerindeki bir tencerede güzelce kızarmış tertemiz etler vardı. Öbür yanlarında da kirli bir kazan içinde pişmemiş, kokuşmuş etler bulunuyordu. Onlar, güzel etleri bırakıp kokuşmuş etleri yiyorlardı. Peygamberimiz [s.a.v],

- Ey Cebrâil, bunlar kimlerdir, diye sordu, Cebrâil [a.s],

- Onlar senin ümmetinden temiz ve helâl hanımını bırakıp pis ve kötü kadınlara giden erkeklerle, temiz ve helâl kocasını bırakıp pis ve kötü erkeklerin yanına giden ve onlarla geceleyen kadınlardır, dedi.

Taşıyamayacağı Emaneti Yüklenenler

Allah Resûlü'ne [s.a.v] bir adam gösterildi. Bir adam büyük bir odun yığını biriktirmişti. Taşımaya gücü yetmiyordu. O ise hâlâ üzerine başka odunlar yığıyordu. Peygamberimiz [s.a.v],

- Ey Cebrâil, bu kimdir, diye sordu, Cebrâil [a.s],

- Bu adam senin ümmetinden insanların emanetlerini yüklenen bir kimsedir. O, aldığı emanetleri taşıyamazken tutar daha fazlasını almaya çalışır, dedi.

Fitneye Düşüren Hatipler

Allah Resûlü'ne [s.a.v] başka bir grup insan gösterildi. Demir makaslarla dilleri ve dudakları kesiliyordu. Kesilen yer eski haline dönüyor, aynı azap sürekli tekrar ediyordu. Peygamberimiz [s.a.v],

- Ey Cebrâil, bunlar kimlerdir, diye sordu, Cebrâil [a.s],

- Onlar, sözleriyle insanları fitneye düşüren hatiplerdir, dedi.

Sözlerine Dikkat Etmeyenler

Sonra Cebrâil [a.s] Resûlullah'ı [s.a.v] küçük bir taşın yanına getirdi. Bu taşın içinden büyük bir öküz çıkıyor ve daha sonra çıktığı yere dönmek istiyor ancak başaramıyordu. Resûlullah [s.a.v],

- Ey Cebrâil, bu neyin nesi, diye sordu. Cebrâil [a.s],

- Bu, bir söz söyleyen ancak daha sonra söylediğine pişman olan ve sözünü geri alamayan kişinin misalidir, dedi.

Faiz Yiyenler

Allah Resûlü'ne [s.a.v] başka bir grup insan gösterildi. Karınları evler gibi büyüktü. İçinde yılanlar vardı, dışarıdan görünüyordu. Ayağa kalkmak istediklerinde yüz üstü yere kapaklanıyordu. Peygamberimiz [s.a.v],

- Ey Cebrâil, bunlar kimlerdir, diye sordu, Cebrâil [a.s],

- Onlar faiz yiyenlerdir, dedi.

Yetim Malı Yiyenler

Allah Resûlü'ne [s.a.v] başka bir grup insan gösterildi. Dudakları deve dudağı gibi iriydi. Ağızlarını açmışlardı ve ağızlarına cehennemde kızdırılmış bir taş atılıyordu. Feryat ederek bağırıyorlardı. Peygamberimiz [s.a.v],

- Ey Cebrâil, bunlar kimlerdir? diye sordu, Cebrâil [a.s],

- Onlar, haksız yere yetimlerin mallarını yiyenlerdir, dedi.

Çocuklarını Öldüren Kadınlar

Allah Resûlü'ne [s.a.v] bir grup kadın gösterildi. Kadınlar, göğüslerinden ve ayaklarından asılmışlardı. Feryat ederek Allah'a yalvarıyorlardı. Peygamberimiz [s.a.v],

- Ey Cebrâil, bunlar kimlerdir, diye sordu, Cebrâil [a.s],

- Onlar, zina eden ve karınlarındaki çocukları öldüren kadınlardır, dedi.

Gıybet Edenler

Allah Resûlü'ne [s.a.v] başka bir grup insan gösterildi. Vücutlarının yanan kısmındaki etlerden kesilip ağızlarına konuyor ve kendilerine,

- Kardeşinin etini yediğin gibi haydi bunu da ye, deniyordu. Peygamberimiz [s.a.v],

- Ey Cebrâil, bunlar kimlerdir, diye sordu, Cebrâil [a.s],

- Onlar, ümmetin içinde insanları arkadan çekiştiren ve alay edenlerdir, dedi. [41]

Mi'rac Hadisesinden Sonra Gelişen Olaylar

Hz. Peygamber [s.a.v], Mi'rac hadisesinin gerçekleştiği sabah, Kâbe'nin Hicr denilen yerine gidip ayakta durdu,

---

41 Dilaver Selvi, *Kulun Yolculuğu*, s. 60-62. Rivayetler için ayrıca bk. Beyhakî, *Delâilü'n-Nübüvve*, 2/397-399; Heysemî, *Mecmau'z-Zevâid*, 1/66-68.

müşriklere yaşadıklarını anlattı. Hiçbiri inanmadı. Resûlullah [s.a.v], üzgün bir halde bir tarafa çekilip oturdu. Bu sırada Ebû Cehil çıkageldi. Söylenenleri duymuştu. Onunla alay etmek istiyordu. Mescid-i Aksâ'yı sordu; kapısını, penceresini, duvarlarını, direklerini her şeyi ... Peygamber Efendimiz de [s.a.v] en ince ayrıntısına kadar anlattı. Çünkü Rabbimiz o anda Mescid-i Aksâ ile aradaki perdeleri kaldırıvermişti. Müşrikler şaşkınlığa düştüler. Fitne krizlerine tutulup deli divane oldular. Kimi, ellerini duymamak için çırpıyor; imanı zayıf olanlardan irtidad edenler oluyor; bu olağanüstü mucizeyi bir türlü akıllarına sığdıramıyorlardı. Bunun üzerine müşriklerden bir kısmı,

"Ey Muhammed! Sen bize kervanlarımızdan haber ver. O bizim için Mescid-i Aksâ'dan daha önemli. Sen onlara rastladın mı?" dedi.

Resûlullah [s.a.v], *"Evet, vallahi filan oğullarına rastladım. Bir deve kaybetmiş, onu arıyorlardı. Onların kafilesi şu anda Ten'îm yokuşundan iniyor. Kafilenin önünde de, siyah renkli erkek bir deve var"* dedi.

Kureyşliler, koşarak Ten'îm yokuşuna doğru gittiler. Verilen haberleri yalan çıkarmak umuduyla beklemeye başladılar. Fakat kervan göründüğünde hayal kırıklığına uğramışlardı. Sordukları tüm sorular doğru cevaplandığı gibi bir de kervan hakkında verilen haberler doğru çıkmıştı. Fakat söyledikleri, "Bu apaçık bir sihir" demekten ibaret oldu.

Ebû Bekir-i Sıddîk

Resûlullah'ın [s.a.v] anlattıklarına inanmayan bazı kimseler hemen onun en yakın arkadaşı Hz. Ebû Bekir'in [r.a] yanına koştular:

- Ey Ebû Bekir! Muhammed'in [s.a.v] söylediklerinden haberin var mı? Güya bu gece Mescid-i Aksâ'ya gitmiş, namaz kılmış ve dönmüş, dediler. Hz. Ebû Bekir [r.a],

- Bunu kendisi mi söyledi yoksa siz mi uyduruyorsunuz, diye karşılık verdi. Onlar,

- Hayır, bunu kendisi söylüyor. Şimdi Kâbe'de ve insanlara anlatmaya devam ediyor, dediler. Bunun üzerine Hz. Ebû Bekir [r.a],

- Vallahi, o bunu söylediyse muhakkak doğrudur, dedi. Bunun üzerine inanmayanlar tekrar,

- Sen onu doğruluyor ve kendisinin bir gecede Mescid-i Aksâ'ya gidip döndüğüne inanıyor musun, dediler. Hz. Ebû Bekir [r.a] yine,

- Evet, bunda şaşacak ne var? Gecenin, gündüzün herhangi bir saatinde kendisine semadan haber geldiğini bana haber veriyor; ben buna inanıyorken Mescid-i Aksâ'ya gittiğine mi inanmayacağım, dedi.

Müşriklere bu şekilde cevap verdikten sonra doğruca Hz. Peygamber'in [s.a.v] yanına gitti:

- Ey Allah'ın Resûlü [s.a.v]! Sen halka, bu gece Beytülmakdis'e gittiğini söyledin mi, dedi. Resûlullah [s.a.v],

- *Evet,* buyurdu. Hz. Ebû Bekir [r.a],

- Ey Allah'ın Resûlü [s.a.v]! Oraları bana tarif et! Çünkü ben oraya gitmiştim, dedi. Hz. Peygamber de [s.a.v] tarif etti. Bunun üzerine Hz. Ebû Bekir [r.a],

- Doğru söylüyorsun! Şehadet ederim ki, sen Allah'ın peygamberisin, dedi. Resûlullah [s.a.v],

- *Ey Ebû Bekir! Sen de Sıddîk'sın (doğrunun tasdikçisi, doğrunun şahidisin),* dedi.

O günden sonra Hz. Ebû Bekir [r.a], "Sıddîk" olarak anılmaya başladı. [42]

İsrâ hadisesinin meydana geldiği gecenin ertesi günü öğle vaktinde Cebrâil [a.s], Hz. Peygamber'e [s.a.v] gelerek namazın nasıl kılınacağını anlattı. Vakitleri belirledi. Resûlullah da [s.a.v] ashabını çağırıp etrafında toplanmalarını istedi. Sahabiler toplanınca, o günden başlayıp ertesi güne kadar Cebrâil [a.s], Resûl-i Ekrem'e [s.a.v] imamlık yaptı. Müminler de Hz. Peygamber'e [s.a.v] uyarak hep birlikte cemaat halinde namaz kıldılar. Nitekim İbn Abbas [r.a] ile Câbir'den [r.a] rivayet olunan bir hadiste Hz. Peygamber [s.a.v] şöyle buyurmuştur:

"Cebrâil [a.s] Kâbe'nin yanında iki kez bana imamlık etti." [43]

Namaz Müminin Mi'racıdır

Şu bir hakikattir ki, *"Namaz müminin mi'racıdır"* ve bu, Allah ile buluşmak ve O'nun huzurunda bulunmak demektir. Namaz, kulun günde beş defa Yaratan'ın huzuruna çıkması, divanında durması demektir. Bu yüce divanda kul, arada hiçbir vasıta olmadan her türlü dilek ve ihtiyacını, bizzat Allah'a [c.c] arzeder, O'na sığınır, yalnızca O'ndan yardım diler. Böylece Peygamberimiz'in [s.a.v], mi'racda gerçekleşen Allah ile mülâkatı hadisesi, namaz içinde sembolik olarak yaşanmış olur. Bu sırra işaret için, Peygamberimiz, *"Namaz müminin mi'racıdır"* buyurmuştur.

Ârifler derler ki: Namaz mümin için manevi bir mi'racdır. Namazın kulu yüce makamlara yükselten bir basamak olabilmesi için, müminin ona hakkı ile hazırlanması gerekir. Namaz, yüce Allah'ın huzuruna çıkmak ve O'nunla

42 İbn Hişâm, *es-Sîretü'n-Nebeviyye,* 1/403-404.

43 İbn Kesîr, *el-Bidâye ve'n-Nihâye*, 2/115.

konuşmaktır. Evet, namaz kul ile Rabb'inin özel buluşma anı kılınmıştır. Büyüklerin dediği gibi, kul, namaza durduğu zaman Rabb'i ile arasındaki bütün perdeler kaldırılır. Resûlullah [s.a.v] kulun Rabb'ine en yakın olduğu anın, namazdaki secde anı olduğunu bildirmiştir. [44]

Müfessir Fahreddin-i Râzî [rh.a], ârifler için namazın manevi bir mi'rac olduğunu anlatırken şöyle der: Mi'rac iki kısımdır. Birincisi, içinde bulunduğumuz şehadet âleminden başlayıp gayb âlemine kadar devam eder. İkincisi ise gayb âleminden başlar ve ötelerdeki âlemlere kadar devam eder. Resûlullah [s.a.v] bütün bu mi'rac çeşitlerini yaşamıştır. Resûl-i Ekrem [s.a.v] mi'racdan dönerken Yüce Allah'a,

- Ey izzet sahibi Rabbim! Bir yere sefere çıkan kimse vatanına döneceği zaman arkadaş ve dostlarına birtakım hediyeler götürmek ister. Ben ümmetime ne götüreyim, diye sordu. Bunun üzerine Allah [c.c] kendisine,

"Senin ümmetine verilecek olan hediye namazdır" buyurdu.

Namaz beş vakit olmakla birlikte elli vakit kadar sevabı olduğu ifade edilir. Bu, "Yapılan her hayrın Allah indinde en az on misliyle kabul edileceği"ni müjdeleyen âyet-i kerimeye uygun bir ihbardır:

مَنْ جَاءَ بِالْحَسَنَةِ فَلَهُ عَشْرُ اَمْثَالِهَا

"Kim bir hayır işlerse işte ona bunun on katı vardır" (En'âm 6/160). Şu halde Resûlullah'a [s.a.v] mi'racda farz kılınan beş vakit namaz, müminin amel defterine on misliyle yani elli vakit olarak yazılmaktadır. Rabbimiz, namazın ehemmiyetini gereğince takdir etmemiz için onu elli vakit

44 Müslim, Salât, 42; Ebû Davud, Salât, 152.

olarak farz kılmış, lutfunun, kereminin genişliğini ifade için de beş vakte indirerek elli vakit olarak değerlendirmeye tâbi tutmuştur.

Namaz, dinin direği, imanın alameti, amellerin en faziletlisi ve Allah'a en sevimli olanıdır. Namaz, kalbin nuru, gönüllerin sefası, takva ehlinin göz aydınlığı, müminlerin mi'racıdır. Bu sebeple, her mümin namaza başladığında, namazın kendisinin mi'racı olduğunu, dolayısıyla yüce Allah'ın huzurunda bulunduğunu bilmelidir. *"Kulun Rabb'ine en yakın olduğu an secde halidir"* [45] buyuran Resûl-i Zîşan Efendimiz [s.a.v] müminin mi'racını böyle izah etmektedir. Nitekim Allah [c.c], *"Ben kuluma şah damarından daha yakınım"* (Kâf 50/16) buyurmuyor mu?

Mi'rac Kandilinde Oruç

Ebû Hüreyre [r.a] Resûlullah'ın [s.a.v] şöyle buyurduğunu rivayet eder: *"Receb ayında bir gün ve gecesi vardır ki, her kim o günde oruç tutup gecesini ibadetle ihya ederse, yüz sene oruç tutmuş gibi sevap kazanır. Bu gece recebin bitimine üç gün kala olan gecedir."* [46]

Halife Ömer b. Abdülaziz [rh.a], Basra Valisi Haccâc'a gönderdiği bir mektupta şöyle demiştir: "Sana, senenin dört gecesini tavsiye ediyorum. Bu gecelerde Allah Teâlâ'nın rahmeti sağanak halinde yağar: Receb ayının ilk gecesi (Regaib kandili) ile yirmi yedinci gecesi (Mi'rac kandili), şaban ayının yarısındaki gece (Berat kandili) ve ramazan bayramı gecesi (bayramın bir gün öncesinin akşamı)." [47]

45 Müslim, Salât, 42; Ahmed b. Hanbel, *el-Müsned*, 2/241.
46 Beyhakî, *Şuabü'l-İmân*, nr. 3811.
47 Abdülkadir-i Geylânî, *Gunyetü't-Tâlibîn*, 1/327.

Mi'rac Gecesini Nasıl İhya Etmeliyiz?

Mi'rac gecesi, ulvî bir gecedir. Bu mübarek geceyi gaflet içerisinde geçirmemeli, ibadetle Allah'a karşı şükran borçlarımızı ödemeliyiz; namaz kılmalı, Kur'an okumalı ve Allah'tan af ve bağış dilemeliyiz, çoluk çocuğumuza bu gecenin anlam ve önemini öğretmeliyiz. Çevremizdeki yoksullara ve kimsesiz çocuklara yardım ellerimizi uzatmalıyız. Annemizi, babamızı ve büyüklerimizi ziyaret edip ellerini öpmeli ve dualarını almalıyız. Ebediyete intikal etmiş olanlarımızı rahmetle anarak ruhlarını şâdetmeliyiz. Dostlarımızla tebrikleşmeli, sevgi ve saygı duygularımızı perçinlemeliyiz.

Kandilleri birer fırsat bilmeli, bu müstesna zaman dilimlerinde Allah'a [c.c] daha da yakın olmaya çalışılmalıdır. Bilelim ki Allah'a [c.c] yakınlık, O'nun emirlerini yerine getirmek, yasak ettiği şeylerden kaçınmakla mümkündür.

Bazı rivayetlerde Hz. Peygamber [s.a.v] tarafından Receb ayının 27. gecesine rastlayan mübarek Mi'rac gecesinde on iki rekât nâfile namaz kılınması tavsiye edilmiştir.

"Receb ayında öyle bir gece vardır ki, o geceyi ihya edene yüz senelik ecir ve mükâfat vardır. Bu gece, recebin bitmesinden üç gün önceki gecedir.

Bu gecede, (her iki rekâtta bir selâm verilerek) on iki rekât namaz kılıp ardından yüz kere, 'Sübhânellah, velhamdülillâh, velâ ilâhe illallahü vallahü ekber' diye dua eden ve yine yüz kere istiğfarda bulunan, Resûlullah'a [s.a.v] yüz defa salavat getiren, sonra da kendi nefsi için ister dünyevî ister uhrevî olsun duada bulunan ve oruçlu olarak sabahlayan kimsenin duasını Allah [c.c] kabul eder." [48]

Gündüz de oruçlu bulunmalıdır. Bu durumda günahla ilgili olmaksızın yapılacak her duanın kabulü, Allah'tan umulur.

48 Beyhakî, *Şuabü'l-İmân*, nr. 3812.

2. ŞABAN AYI

Hayrın, iyiliklerin çokça görülmesi sebebiyle bu aya "şaban" denilmiştir. Şaban kelimesi "dağ ve patika yolu" manasına gelen "şiab" kelimesinden türemiştir ve "hayır yolu" anlamına gelir.

Şaban ayını önemli kılan özelliklerden biri, "şühûr-i selâse" denilen "üç aylar"ın ikincisi olmasıdır. Bilindiği gibi, üç ayların ilki receb, üçüncüsü de ramazandır. Şaban ayı bu iki ayın arasında kalan, ramazanın habercisi olan mübarek bir aydır. Resûlullah [s.a.v] şaban ayının önemini şu hadisleriyle ifade buyurmuşlardır:

"Receb ayının diğer aylara olan üstünlüğü, Kur'ân-ı Kerîm'in diğer kitaplara üstünlüğü gibidir. Şaban ayının diğer aylara üstünlüğü, benim diğer peygamberlerden üstünlüğüm gibidir. Ramazan ayının diğer aylara üstünlüğü Allah'ın insanlar üzerine üstünlüğü gibidir." [49]

Bir başka hadislerinde de,

رَجَبُ شَهْرُ اللّٰهِ وَشَعْبَانُ شَهْرِى وَرَمَضَانُ شَهْرُ أُمَّتِى

"*Receb ayı Allah'ın ayı, şaban benim ayım ve ramazan da ümmetimin ayıdır*" [50] buyurmuştur.

Resûl-i Ekrem [s.a.v] bir başka hadislerinde de, şaban ayının günahları temizleyici olduğunu, Ramazan ayının da günahlara kefâret olduğunu bildirmiştir. [51]

---

49 İbn Arrâk, *Tenzîhü'ş-Şerîa*, 2/160-161.

50 Deylemî, *Müsnedü'l-Firdevs,* nr. 3276; Süyûtî, *el-Câmiu's-Sagîr,* nr. 4411; Ali el-Müttakî, *Kenzü'l-Ummâl,* nr. 35164; Aclûnî, *Keşfü'l-Hafâ*, nr. 1358.

51 Aclûnî, *Keşfü'l-Hafâ*, nr. 1551.

a) Şaban Ayının Önemi ve Orucunun Hikmeti

Resûlullah Efendimiz [s.a.v] şaban ayının hürmetinin büyüklüğüne şu hadis-i şerifleriyle işaret etmişlerdir:

ذَلِكَ شَهْرٌ يَغْفُلُ النَّاسُ عَنْهُ بَيْنَ رَجَبٍ وَرَمَضَانَ وَهُوَ شَهْرٌ تُرْفَعُ فِيهِ الأَعْمَالُ إِلَى رَبِّ الْعَالَمِينَ فَأُحِبُّ أَنْ يُرْفَعَ عَمَلِي وَأَنَا صَائِمٌ

"Şaban ayı, receb ayıyla ramazan ayı arasında, insanların kıymetinden gaflete düştükleri bir aydır. Halbuki o, amellerin âlemlerin Rabbi olan Allah'a yükseltildiği bir aydır. Ben de, amelimin Allah'a oruçlu olduğum halde yükseltilmesini isterim." [52]

Resûl-i Ekrem [s.a.v] şaban ayında oruç tutmaya birkaç nedenden dolayı önem vermiştir. Bunlardan birincisi, receb ve ramazan ayları arasında kalan bu aydan, insanların gafil olmalarıdır. İnsanlar, haram aylara (zilkade, zilhicce, muharrem, receb) ve ramazana çok değer vermeleri sebebiyle bu ayın faziletinden gafildirler. Halbuki Resûlullah [s.a.v] bizzat kendi hayatıyla ve sözleriyle üç ayların hepsinin ayrı bir öneme sahip olduğunu, birinin diğerinden ayrılmayacağını ifade etmişlerdir.

Zeyd b. Eslem'in [r.a] rivayet ettiğine göre, Resûlullah'a [s.a.v] receb ayında oruç tutan bir topluluktan bahsedildi. Bunun üzerine Resûlullah [s.a.v],

"Onlar şaban ayında neredeler?" diye ikaz ederek, üç ayların hepsinin ayrı ayrı önemi haiz olduğunu, birinde çok amel edip de diğerinin terkedilmemesi gerektiğini ve amel ederken de orta yollu olunmasını tavsiye etmişlerdir. [53]

52 Nesâî, Sıyâm, 70; İbn Ebû Şeybe, *el-Musannef,* nr. 9858; Beyhakî, *Şuabü'l-İmân,* nr. 3540.

53 Abdürrezzâk, *el-Musannef,* nr. 7858.

b) Şaban Ayındaki Orucun Fazileti Nereden Gelir?

Bazı âlimler, şaban ayında tutulan nâfile orucun diğer aylarda tutulan nâfile oruçlardan daha üstün ve faziletli oluşunun hikmetini şöyle açıklamışlardır:

Nâfile oruçların üstünlük açısından en önemli olanları, ramazan ayına bitişik olanları yani ramazanın öncesinde ve sonrasında olanlarıdır. Bu aynen farz namazların öncesinde ve sonrasında kılınan sünnet namazların durumuna benzer. Nasıl ki bu sünnetler, bizim namazlarımızda meydana gelebilecek, noksanlıklar ve kusurlar için birer onarıcı iseler, ramazan ayının öncesinde ve sonrasında tutulan nâfile oruçlar da öyledir. Ramazanın öncesinde tutulan nâfileler, onun için bir hazırlık olurken, sonrasında tutulanlar ise eksiklikleri tamamlayıcı olmaktadırlar. Nasıl ki farz namazların öncesinde bulunan revâtib sünnetler, diğer nâfilelerden fazilet bakımından üstün iseler, aynı şekilde zamansal açıdan ramazana yakın olan nâfile oruçlar da diğerlerine nazaran daha üstündür. İşte bu sebeptendir ki Resûlullah [s.a.v] şaban ayının orucuna ayrı bir ehemmiyet vermiş ve ramazandan sonra altı gün şevval orucunun tutulmasını önemle tavsiye etmiştir.

İnsanların şaban ayından gafil kalmalarının sebebi ise, üç aylara girilmesi ile birlikte receb ayına büyük bir önem vermeleri, şaban ayına geldiklerinde ise gevşemeleri ve ramazanda tekrar ibadet ve taate önem vermeleridir.

Demek ki insanların gafil oldukları anlarda ibadetle meşgul olmak daha faziletlidir. Ve bu, Allah katında çok sevimli ve değerlidir. Bu nedenle selef âlimlerinden bazıları da insanların ibadetten gafil oldukları akşam ve yatsı arasını namazla değerlendirir ve, “Bu vakit, insanların gaflette oldukları vakittir” derlerdi. Sâdâtlar da bu vakitte ibadetten gafil kalınmaması için evvâbîn namazının kılınmasını tavsiye etmişlerdir.

İnsanlar gafletteyken yapılan ibadetler gizli olur. Nâfile ibadetlerde güzel ve faziletli olan şey, yapılan ibadetin gizli olmasıdır. Özellikle orucun gizli olmasının ayrı bir yeri vardır. Çünkü oruç, Allah ile kulu arasındaki sırdır. Bu nedenle, oruçta riya yoktur, denmiştir.

Salihlerden biri şöyle demiştir: "Sene bir ağaçtır. Receb ayı onun yapraklanma, şaban ayı meyve verme, ramazan ayı ise meyvelerin toplanma zamanıdır."[54]

Bu mübarek ayda gaflette olmayıp, bol bol ibadet ve taatle, dua ve niyazla, mümkün mertebe hayır ve hasenatla, kısaca Allah ve Resûlü'nün [s.a.v] razı olacağı şekilde amellerde bulunarak ramazan ayına hazırlık yapmamız gerekir. Bu mübarek ay içinde bulunan Berat gecesi de çok mübarek bir gece olup bu ayın şan ve şerefini artırmaktadır. Bu mübarek gecede müminlerin mağfiret olunma beratlarının verildiği, imtihanı kazananların kurtulduğu, insanların mukadderatlarının tayin edildiği dönüm noktasıdır. İnsanların bir senelik rızkı, ömrü, vesair her şeyi bu gecede tayin olunur.

Şaban ayı girdiğinde, kişinin nâfile olsun, farz olsun kazâ oruçlarını bu ay içinde tamamlaması müstehaptır. Şaban ayında oruç tutmak, ramazan orucuna hazırlıkta bulunmaktır. Şaban orucu, kişinin kendisini oruca alıştırarak, ramazan orucunda zorlanmaması, ramazan orucunun tadını alması ve kuvvetli bir şekilde ramazan ayına girmesi içindir.

Şaban ayı ramazan ayına bir hazırlıktır. Bu yüzden oruç tutmak, çokça Kur'an okumak gibi güzel olan şeyleri şaban ayında yapmak da güzeldir. Bu manaya işaret olarak,

54 Abdülkadir-i Geylânî, *Gunyetü't-Tâlibîn*, 1/326.

Selim b. Kuheyl, Habib b. Ebû Sâbit, " Şaban ayı, çokça Kur'an okuyanların ayıdır" derlerdi.

Bir müslüman, Allah Teâlâ'nın bir lutuf olarak bizlere ikram ettiği bu üç ayları ganimet bilmeli, zamanın bu altın değerindeki dilimlerini daha heyecanlı, daha dolu ve Cenâb-ı Hakk'a yaklaştırıcı amellerle geçirmelidir. Her yönüyle bizim için tam bir örnek olan Allah Resûlü [s.a.v], ramazan ayı dışında en çok orucu şaban ayında tutmuştur.

Üsâme b. Zeyd [r.a] şöyle demiştir: Resûlullah [s.a.v], şaban ayında tuttuğu orucu hiçbir ayda tutmadı. Kendisine, "Yâ Resûlullah! Senin, şaban ayında tuttuğun orucu başka bir ayda tutmadığını gördüm" dedim. Şöyle buyurdu: "*Şaban, receb ile ramazan arasında insanların gafil bulunduğu ve amellerin, âlemlerin Rabbi olan Allah'a yükseldiği aydır. Ben de amelimin Allah Teâlâ'ya oruçlu olduğum halde yükselmesini seviyorum.*" [55]

Ziyâd el-Mâzinî'nin Hz. Hüseyin'den [r.a] rivayet ettiğine göre o şöyle demiştir: "Receb ve şaban ayında oruç tutmak, Allah Teâlâ'ya bir yöneliş ve yapılan tövbelerin kabul olunuşuna bir vesiledir." [56]

Enes b. Mâlik [r.a] anlatıyor: Resûlullah'a [s.a.v],

- Yâ Resûlallah! Hangi oruç daha faziletlidir, diye soruldu. O da,

- *Ramazana hürmetle şaban ayında tutulan oruç,* diye cevap verdi.

- Hangi sadaka daha faziletlidir, diye soruldu.

- *Ramazanda verilen sadaka,* diye cevap verdi. [57]

55 Nesâî, Sıyâm, 70.

56 Abdülkadir-i Geylânî, *Gunyetü't-Tâlibîn*, 1/326.

57 Beyhakî, *Kitâbü Fezâilü'l-Evkât*, s. 114-115.

Sahabiler Şaban Ayı Girince Ne Yaparlardı?

Enes b. Mâlik [r.a] anlatıyor: Resûlullah'ın [s.a.v] sahabileri, şaban ayının hilâlini görünce, kendilerini Kur'an okumaya verirlerdi. Müminler bu ayda, mallarının zekâtını çıkarıp, ramazan-i şerifte oruç tutacaklara yardım ve destek olması için, fakirlere verirlerdi. Hâkim ve valiler, zindan ve hapishanede olanları huzurlarına getirip cezalarını hafifletir veya serbest bırakırlardı. Tüccarlar, borçlarını öder, alacaklarını alırlardı. Ramazan ayını görünce de gusül edip, itikâfa çekilirlerdi. [58]

ı) Berat Kandili

Şaban ayının 15. gecesi Berat kandilidir. Bu geceye, bereketli ve feyizli bir gece olması sebebiyle "mübarek gece", günahların affı ve temize çıkarılma sebebiyle "kurtuluş gecesi" ve kulların ihsana kavuşmaları nedeniyle de "rahmet gecesi" gibi adlar da verilmiştir.

Bu geceyi ibadet ve taatle geçirmenin sınırsız mükâfatı vardır. Peygamber Efendimiz [s.a.v] bu geceyi ibadetle geçirmiş ve Allah'a [c.c] şöyle dua etmiştir: *"Azabından affına, gazabından rızana sığınır, senden yine sana iltica ederim. Sana gereği gibi hamdetmekten âcizim. Sen, kendini senâ ettiğin gibi yücesin."* [59]

Bir hadis-i şerifte de şöyle buyrulur:

إِذَا كَانَ لَيْلَةُ النِّصْفِ مِنْ شَعْبَانَ فَقُومُوا لَيْلَتَهَا وَصُومُوا
يَوْمَهَا فَإِنَّ اللّٰهَ تَعَالَى يَقُولُ أَلَاَ مِنْ مُسْتَغْفِرٍ فَأُغْفِرَ

58 Abdülkadir-i Geylânî, *Gunyetü't-Tâlibîn*, 1/341.

59 Beyhakî, *Şuabü'l-İmân*, nr. 3827.

لَهُ أَلاَ مِنْ مُسْتَرْزِقٍ فَأُرْزِقَهُ أَلاَ مِنْ سَائِلٍ فَأُعْطِيَهُ
أَلاَ كَذَا حَتَّى يَطْلَعَ الْفَجْرُ

"Şaban ayının yarısı gelince gecesini (Berat kandilini) namazla, gündüzünü oruçla geçiriniz. Cenâb-ı Allah, (o gece dünya semasına tecelli eder ve) şöyle der: 'Benden af dileyen yok mu, onu affedeyim. Benden rızkının artırılmasını isteyen yok mu, ona rızkını genişleteyim, benden isteği olan yok mu, ona istediğini vereyim? Yok mu?' Allah Teâlâ bu gece fecir doğana kadar isteyene istediğini vermeye devam eder." [60]

Denilir ki: Yeryüzündeki müslümanların iki bayram günü olduğu gibi, göklerdeki meleklerin de iki bayram gecesi vardır. Meleklerin iki bayram gecesinden biri, Şaban ayının 15. gecesi olan Berat gecesidir. Diğeri ise Kadir gecesidir.

İmam Sübkî [rh.a], *Tefsîr*'inde şöyle der: "Berat gecesi, yıl içinde işlenen günahlara kefâret; cuma gecesi, hafta içinde işlenen günahlara kefâret; Kadir gecesi ise ömür içinde işlenen günahlara kefârettir." Yani bu geceleri ibadetle ihya etmek belirtilen sürelerdeki günahlara kefârettir. Bu sebeple Berat gecesine "kefâret gecesi" de denilir.

Bir hadis-i şerifte, *"Kim bayram gecesini ve Şaban ayının 15. (Berat) gecesini ibadetle ihya ederse, kalplerin öldüğü günde o kişinin kalbi ölmez"* [61] buyrulmuştur.

Bu gecenin bir adı da "şefaat gecesi"dir. Bunun dayanağı da rivayet edilen şu haberdir:

"Şaban ayının 13. gecesi idi. Cebrâil [a.s], Resûlullah'ın [s.a.v] yanına gelerek,

60 Beyhakî, *Şuabü'l-Îmân*, nr. 3822; Deylemî, *Müsnedü'l-Firdevs*, 1/259.
61 İbn Mâce, Sıyâm, 68.

- Yâ Muhammed [s.a.v], teheccüd vaktidir; ümmetin hakkında muradının hâsıl olması için Allah'a dua etmenin zamanı geldi, dedi.

Peygamber Efendimiz [s.a.v] kalktı ve o geceyi ibadetle geçirdi. Tan yeri ağarırken Cebrâil [s.a.v] geldi ve dedi ki:

- Yâ Muhammed [s.a.v]! Allah [c.c] ümmetinin üçte birini sana bağışladı. Bunun üzerine Resûlullah [s.a.v] ağladı ve,

- Yâ Cebrâil [a.s]! Kalan üçte ikisinin durumu ne oldu, diye sordu. O da,

- Bilmiyorum, diye cevap verdi.

Şabanın 14. gecesi Cebrâil [a.s] yine geldi ve aynı şeyi söyledi:

- Yâ Muhammed [s.a.v]! Kalk ve teheccüd namazı ile meşgul ol. Peygamber Efendimiz [s.a.v] de sabaha kadar ibadetle meşgul oldu. Fecir vaktinde Cebrâil [a.s] yine geldi:

- Allah [c.c] ümmetinin üçte ikisini sana bağışladı, buyurdu.

Fahr-i Kâinat [s.a.v] yine ağlayarak,

- Kalan üçte birinin durumu ne oldu, diye sordu. Cebrâil [a.s] yine bilmediğini söyledi.

Nihayet Şaban ayının 15. gecesi (Berat kandili) Resûlullah [s.a.v] yine sabaha kadar ibadet ve dua etti. Sabah vakti Cebrâil [a.s] gelerek,

- Müjdeler olsun yâ Muhammed [s.a.v]! Şirk koşanların dışında Allah [c.c] bütün ümmetini sana bağışladı, buyurdu. [62]

62 İsmail Hakkı Bursevî, *Rûhu'l-Beyân*, 8/543.

Berat, Mağfiret ve Rahmet Gecesidir

Bu gecenin diğer bir ismi de “mağfiret gecesi”dir. Ahmed b. Hanbel’in rivayet ettiği şu hadis-i şerif bu manaya işaret eder:

إِنَّ اللّٰهَ لَيَطَّلِعُ فِي لَيْلَةِ النِّصْفِ مِنْ شَعْبَانَ فَيَغْفِرُ
لِجَمِيعِ خَلْقِهِ إِلاَّ لِمُشْرِكٍ أَوْ مُشَاحِنٍ

“Allah Teâlâ [c.c] Şaban’ın 15. gecesi kullarına nazar eder ve yeryüzünde bulunanlardan şirk koşanlarla haset edip kin tutanlar hariç herkesi mağfiret eder.” [63]

Başka bir rivayette, Allah Teâlâ’nın bağışlamayacağı kimseler arasında, anne babasına âsi olanlar, akraba ile ilişkilerini kesenlerle içki içmeye devam edenler de zikredilmiştir. [64]

Lübâb tefsirinin sahibi İbn Âdil [rh.a], bu gecenin isimlerinden birinin de “leyletü’r-rahmet” (rahmet gecesi) olduğunu bildirdikten sonra bunun hikmetinin şu beş esastan geldiğini aktarmıştır:

1. Allah Teâlâ bu gece için, *“Her hikmetli işe o gecede hükmedilir”* [65] buyurmuştur.

2. Bu gecede kulların kazandıkları faziletten ötürü bu isimle adlandırılmıştır. Resûlullah [s.a.v] şöyle buyurmuştur: *“Her kim bu geceyi namaz kılmak suretiyle ihya ederse, Allah Teâlâ o kişiye yüz melek gönderir. Otuzu ona cennet müjdesi verir. Otuzu, onun cehennem azabından kurtulması için dua ederler. Otuzu, onu dünyevî âfet ve belalardan*

63 İbn Mâce, Salât, 191.
64 Beyhakî, *Şuabü’l-İmân*, nr. 3837.
65 Duhân 44/4.

korur. On tanesi de onu şeytanın hile ve tuzaklarından korurlar."

3. Allah Teâlâ bu gecede kullarına rahmet yağdırır. Nitekim Resûlullah da [s.a.v], *"Allah [c.c] bu gecede kullarından Kelboğulları'nın koyunlarının sayısı kadar kişiye rahmet eder"* buyurmuştur.

4. Bu gecede Allah Teâlâ kullarından, sihir ve kehanetle uğraşan, husumet ve kin besleyen, devamlı içki içen, anne babasına âsi olan, zina etmekte ısrarlı olanların dışındaki bütün müminlere mağfiret eder.

5. Allah [c.c] bu gecede habibine şefaat hakkının tamamını vermiştir. Şöyle ki Resûlullah [s.a.v] Şaban ayının 13. gecesi, ümmeti için şefaat hakkı istediğinde Allah [c.c] ona ümmetinin üçte birine şefaat hakkı vermişti. 14. gecesi dua ettiğinde, ümmetinin üçte ikisine şefaat etme yetkisini vermişti. 15. gecesinde dua ettiğinde, kaçan develer gibi Allah'tan kaçanların dışında kalan tüm ümmeti için şefaat etme yetkisi vermişti. [66]

Hz. Âişe'nin Anlatımıyla Resûlullah'ın Berat Gecesi

Enes b. Mâlik [r.a] anlatıyor: Resûlullah [s.a.v] bir iş için beni, hanımı Hz. Âişe'nin [r. anhâ] yanına göndermişti. Eve varınca Hz. Âişe'ye [r. anhâ],

- Biraz acele et. Resûlullah [s.a.v] etrafındaki sahabilere Şaban ayının 15. gecesini anlatıyorken geldim, dedim. Hz. Âişe [r.anhâ],

- Ey Enescik, otur da sana Şaban ayının 15. gecesi hakkında bir olay anlatayım, dedi ve şöyle anlattı:

66 bk. İbn Âdil, *el-Lübâb fî Ulûmi'l-Kitâb*, 17/310.

O gece Resûlullah [s.a.v] benim yanıma gelecekti. Nihayet Resûlullah [s.a.v] eve geldi. Yatıp uyuduk. Ancak gecenin bir yarısı kalktığımda Resûlullah'ı [s.a.v] yanımda göremedim. Kalktım ve tek tek diğer hanımlarının odalarına baktım. Ancak hiçbirinde yoktu. Kendi kendime, "Herhalde Kıptî Mâriye'nin yanına gitmiştir!" dedim. Sonra çıkıp mescide gittim. Mescid karanlık olduğu için onu görememiştim ki, o sırada ayağım takıldı. Resûlullah [s.a.v] secdedeydi ve şöyle dua ediyordu:

"Sana bütün benliğim ve duygularımla secde ediyorum. Kalbim sana iman etti! İşte bu elim; onunla kendime karşı haksızlık ettim. Ey yüce Allahım! Günahları senden başka kim affedebilir ki! Bütün günahlarımı bağışla."

Sonra başını secdeden kaldırdı ve şöyle dua etti:

"Allahım, bana senden korkup sakınan, her türlü şerden, şirkten, günahtan uzak temiz bir kalp ver."

Ardından tekrar secdeye vardı ve şöyle dedi:

"Ey Rabbim! Kardeşim Davud [a.s] gibi sana dua ediyorum: Efendim için yüzümü toprağa buluyorum ki, bütün yüzler O'nun rızası için toprağa bulanmaya müstahaktır." Ardından Resûlullah [s.a.v] başını kaldırdı ve nihayet namazını bitirdi. Ben,

- Anam babam sana feda olsun yâ Resûlallah! Sen bir vadidesin, ben bir vadideyim (Ben ne maksatla seni ararken sen burada Rabb'ine münâcât ediyorsun), dedim. Bunun üzerine Resûlullah [s.a.v],

- *Ey Hümeyra!* [67] *Bilmez misin, bu gece Şaban ayının 15. gecesidir. Allah Teâlâ bu gecede Kelboğulları'nın ko-*

---

67 Allah Resûlü [s.a.v] annemize genelde "Sıddîk'ın kızı ya da Ebû Bekir'in kızı!" diye hitap ederdi. Araplar'a göre beyaz tenli olduğu için de sevgisini göstermek üzere Hümeyra lakabını vermişti. Hz. Peygamber'in [s.a.v] bâkire olarak nikâhladıkları tek zevcesi validemiz Hz. Âişe'dir [r.anhâ]. Resûlullah [s.a.v] onu çok severdi. Ona Hümeyra lakabını vermiş ve, "*Dininizin yarısını bu Hümeyra'dan alınız*" buyurmuşlardır.

yunlarının tüyleri sayısınca kişiyi cehennemden âzat etmektedir, dedi. Ben,

- Yâ Resûlallah! Neden Kelboğulları'nın koyunları, diye sordum. Resûlullah [s.a.v],

- *Çünkü Arap kabilelerinin hiçbirinde onlardan daha çok koyuna sahip olan yoktur. Bu gecede şu altı kişi dışında herkes bağışlanır: Devamlı içki içenler, anne babasına âsi olanlar, zinaya devam edenler, akrabalarıyla ilişkisini kesenler, sûret yapanlar, söz gezdirenler."* [68]

Berat Kurtuluşun Gecesidir

Peygamber Efendimiz [s.a.v] bu geceyi Hz. Âişe validemize [r. anhâ] şöyle anlatmıştır:

"Bu gece Şaban'ın 15. gecesidir. Allah Teâlâ bu gecede Kelboğulları kabilesinin koyunlarının tüyleri sayısınca insanları cehennemden kurtarır. Ancak kendisine şirk koşanların, müslümanlara karşı kin ve düşmanlık besleyenlerin, akrabalarıyla münasebetlerini kesenlerin, gururlu ve kibirlilerin, anne babasına âsi olanların ve içki içmeye devam edenlerin yüzüne bakmaz." [69]

Hz. Ömer [r.a] anlatıyor: "Resûlullah Efendimiz [s.a.v], saadet meclisinde oturuyordu ve bir savaş sonrasıydı. Esirler arasında çocuğundan ayrı düşmüş bir kadın da vardı. Kadıncağız çocuğuna olan özlemini gidermek için gördüğü her çocuğu kucaklıyor, bağrına basıyor ve emziriyordu. Resûlullah [s.a.v] çevresindekilere,

- *Bu kadının kendi çocuğunu ateşe atacağına ihtimal veriyor musunuz,* diye sordu. Sahabiler,

68 Beyhakî, *Fezâilü'l-Evkât*, s. 131.
69 Tirmizî, Savm, 39; İbn Mâce, İkâme, 191.

- Asla, atmaz, dediler.

Bunun üzerine Resûlullah [s.a.v],

- *İşte, Allah Teâlâ kullarına bu kadının yavrusuna olan şefkatinden daha merhametlidir*, buyurdu.[70]

İşte böylesine bir şefkat ve merhamete sahip olan Allah Teâlâ, sene içinde kulları için gönül dünyalarında âdeta bir manevi girişim yapmaları adına bazı özel gün ve geceler yaratmıştır. Bu özel zaman dilimlerinde Cenâb-ı Hakk'ın rahmet esintileri sağanak sağanak yağmaktadır.

Said Nursi [k.s] Berat gecesi hakkında şöyle demiştir: "Berat gecesi, bütün senede bir kutsî çekirdek hükmünde ve insanoğlunun gelecek hayatının takdiri programı olması cihetiyle Kadir gecesinin kutsiyeti gibidir. Her bir hasene Kadir gecesinde 30.000 olduğu gibi, bu Beraat gecesinde de her bir salih amelin ve her bir Kur'an harfinin sevabı 20.000'e çıkar."

Atâ b. Yesâr [rh.a] demiştir ki: Berat gecesinde ölüm meleğine bir liste verilir ve kendisine, "Şu listede adı yazılı olanların ruhunu bu sene teslim al!" diye emredilir. Melek listeye baktıktan sonra şöyle der: "Adı şu listede yazılı olduğu halde ölümün kendisini yakalayacağından habersiz olarak kimi bağ bahçeyle uğraşıyor, kimi evleniyor, kimi de binalar yapıyor!"

Hasan-ı Basrî [rh.a] demiştir ki: "Ölüm meleği her gün her evi mutlaka üç defa kontrol eder. Kontrol ettiği evlerde rızkını tamamlayan birini görünce hemen ruhunu teslim alır. Ruhunu teslim alınca da ailesi Azrâil'i [a.s] suçlayarak ağlar ve ölünün çevresinde toplanırlar. Suçlandığını gören Azrâil [a.s], kapının iki yanını tutup onlara şöyle seslenir: 'Allah'a

70 Müslim, Tevbe, 22.

yemin ederim ki ben onun rızkını yemedim; ömrünü tüketmedim; ecelini beri getirmedim; bundan sonra size bir daha uğrayacak, ondan sonra bir daha uğrayacağım! Öyle ki, sizden hiçbirini hayatta bırakmayacağım!' Allah'a yemin ederim ki, eğer Azrâil'in [a.s] duruşunu ve söylediklerini duysalar, ölülerini unutur, kendi hallerine ağlarlar!" [71]

Evet, salihlerin beyan ettiği gibi bu gece, insanların mukadderatlarının tayin edildiği dönüm noktasıdır. İnsanların bir senelik rızkı, ömrü, vesaire her şeyi bu gecede tayin edilir. O sebeple, bu gibi zamanları, nefsimizi ciddi bir hesaba tutma zamanı bilmeli, hayatımızı, yaşantımızı tekrar gözden geçirerek, Allah ve Resûlü'nün [s.a.v] rızası doğrultusunda yaşamaya çalışmalıyız.

Berat Gecesi Yapılacak Dua

Resûlullah [s.a.v] Şaban ayının 15. gecesi olduğunda yani Berat gecesi şu duayı yapmıştır:

"Sana bütün benliğim ve duygularımla secde ediyorum. Kalbim sana iman etti. Nimetlerini ve günahlarımı itiraf ediyorum. Zira senden başka günahları affedecek yoktur. Allahım! Öfkenden rızana, cezalandırmandan affına ve senden yine sana sığınırım. Seni övüp senâ edecek şeyleri ben sayamam; sen kendini senâ ettiğin gibisin." [72]

v. Mâlik b. Dinâr'ın Berat Kandilinde Tövbe Etmesi

Mâlik b. Dînâr'a [rh.a], tövbesinin sebebi sorulduğunda şöyle anlatmıştır: "Ben önceleri şehirde güvenlik görevlisiydim. İçkiye çok düşkündüm. Ayrıca güzel bir kadınla

---

71 Gazâlî, *İhyâü Ulûmü'd-Dîn*, 6/99.

72 Beyhakî, *Şuabü'l-İmân*, nr. 3837, 3838.

evlenmiştim. O, bana bir kız evlat verdi. Kızımı o kadar çok sevmiştim ki, âdeta bütün gönlümü onun sevgisi doldurmuştu. Emeklemeye başlayınca, kalbimdeki sevgisi daha da arttı. O bana alışmış, ben de ona alışmıştım. Ne zaman ki içki şişesini önüme koysam, yanıma gelir, beni uzaklaştırmaya çalışır veya elbiseme dökerdi.

Henüz iki yaşına yeni basmıştı ki öldü. Onun ölümü beni çok büyük bir üzüntüye boğmuştu. Şaban ayının 15. gecesi yani Berat kandiliydi ve günlerden cumaydı. Ben kızımı kaybetmenin üzüntüsüyle çok içmiş bir vaziyette yatağıma uzanmıştım. Uyuyakalmışım. Rüyada kıyametin kopup sûra üflendiğini, mezardakilerin dirilip haşir yerinde toplandıklarını gördüm. Ben de aralarındaydım. Arkamdan bir ses duydum. Dönüp baktığımda, koyu mavi ve siyah karışımı renkte büyük bir ejderhanın, ağzını açıp bana doğru hızla gelmekte olduğunu gördüm. Korku ve dehşet içinde ondan kaçmaya başladım. Kaçarken yolda temiz giysili, güzel kokulu yaşlı bir adama rastladım. Kendisini selâmladım; selâmımı aldı.

- Ey yaşlı! Beni bu ejderhadan kurtar. Allah da seni korktuğun şeylerden kurtarsın, dedim. Yaşlı adam ağlayarak bana şöyle dedi:

- Ben zayıf bir adamım. Oysa bu çok güçlü. Benim buna gücüm yetmez. Ama sen kaçmaya devam et. Umarım ki Allah, seni bundan kurtaracak bir fırsatı sana yaratır, dedi.

Böyle demesi üzerine ben aynı istikamette koşmaya devam ettim. Mahşer meydanındaki yüksek tepelerden birinin üzerine çıktım. Cehennem tabakalarını görebilecek bir yüksekliğe çıkmıştım. Alevlerin korkunçluğunu gördüm. Ejderhanın korkusundan cehennemin içine düşecek gibi oldum. Biri bana,

- Geri dön, sen cehennemliklerden değilsin, diye seslendi. Bu ses beni rahatlattı. Geri döndüm. Ejderha da beni tekrar kovalamaya başladı. Yine o yaşlı adama uğrayıp,

- Beni bundan kurtarmanı istedim ama bir şey yapmadın, dedim. Yaşlı adam ilk seferdeki gibi ağlayarak,

- Ben zayıfım, bir şey yapamam. Ama sen şu dağa tırman. Orada müslümanların emanetleri vardır. Eğer senin de orada bir emanetin varsa, o emanet sana yardım eder, dedi. Gösterdiği dağa baktım. Yuvarlak ve gümüştendi. Oraya doğru koştum. Ejderha da arkadan beni kovalıyordu. Dağa yaklaştığımda melekler şöyle seslendiler: "Perdeleri kaldırın. Kapıları açın. Gelene bakın. Şu perişan haldeki adamı düşmanından kurtaracak bir emaneti belki sizde vardır!" Hemen perdeler kaldırıldı, kapılar açıldı. Pencerelerden ay yüzlü çocuklar başlarını uzatıp bana baktılar. Ejderha bana iyice yaklaşmıştı. Ne olacaktı halim? Çok şaşırmıştım. Bazı çocuklar, "Yazıklar olsun size! Ejderha adama yaklaştı; hepiniz yardımına koşun!" diye seslendiler. Bölük bölük yardıma geldiler. Bir de ne göreyim! Ölen kızım da onlarla birlikte yardımıma koşup gelmişti.

Beni görünce ağlayıp, "Vallahi bu benim babam!" dedi. Sonra nurdan bir hale içinde, okun yaydan fırlayışı gibi sıçrayıp önüme geldi: Sol elini uzatıp sağ elimi tuttu. Sağ elini de ejderhaya uzattı. Ama ejderha arkasını dönüp kaçtı. Kızım beni oturttu. Kendisi de kucağıma oturdu. Sağ eliyle sakalımı sıvazladı ve şu âyeti okudu:

أَلَمْ يَأْنِ لِلَّذِينَ آمَنُوا أَنْ تَخْشَعَ قُلُوبُهُمْ لِذِكْرِ اللَّهِ

"İman edenlerin Allah'ı zikretmekten dolayı kalplerinin saygı ile ürpermesinin zamanı gelmedi mi?" (Hadîd 57/16).

Âyeti okuyuşundan sonra ağladım ve kendisine sordum:

- Kızcağızım, siz Kur'an okumasını bilir misiniz?

- Babacığım, Kur'an okumasını sizden daha iyi biliriz.

- Söyler misin, beni öldürmek isteyen ejderha neyin nesiydi?

- O senin kötü amelindi. Onu sen güçlendirdin. Seni cehennem ateşinde boğmak istedi.

- Söyler misin, yolda uğradığım yaşlı adam kimdi?

- Babacığım, o senin iyi amelindi. Onu sen zayıflattın. Öyle ki, kötü ameline karşı güç yetiremez oldu.

- Yavrucuğum, bu dağda ne yapıyorsunuz?

- Biz müslüman çocukları bu dağa yerleştirildik. Kıyamete kadar burada sizi bekleyeceğiz. Siz yanımıza geleceksiniz. Biz de sizlere şefaatçi olacağız.

Gördüğüm rüya işte burada bitti. Korkmuş bir vaziyette uykudan uyandım. Sabah olunca da evdeki içkileri döktüm. İçki küpünü kırıp yüce Allah'a tövbe ettim. Berat kandili tövbe etmeme vesile olan hadise işte buydu.[73]

Bu gibi geceler, tövbelerin kabulü için bulunmaz fırsatlardır. İnsanoğlu hata yapabilir, ancak bir Yaratan'ının olduğunu hatırında çıkarmamalı ve yaptığı hatalara karşı da tövbe edip eski halini düzeltmelidir. Resûlullah Efendimiz [s.a.v] şöyle buyuruyorlar: *"İnsanoğlu hata eder, günah işler. Ancak hata edenlerin en hayırlısı da tövbekâr olanlarıdır."* [74]

Enes b. Mâlik [r.a] anlatıyor: Resûlullah'ı [s.a.v] şöyle buyururken dinledim: *"Allah Teâlâ şöyle buyurdu: Ey âdemoğlu!*

73 İbn Kudâme el-Makdisî, *Kitâbü't-Tevvâbîn,* Beyrut: Dârü'l-Yakîn, 2000, s. 158-160.

74 Tirmizî, Kıyâmet, 50; İbn Mâce, Zühd. 30.

Sen bana dua ettiğin ve benden affını umduğun sürece, işlediğin günahlar ne kadar çok olursa olsun, onların büyüklüğüne bakmadan seni bağışlarım.

Ey âdemoğlu! Günahların gökyüzünü kaplayacak kadar çok olsa, sonra da benden affını dilesen, seni affederim.

Ey âdemoğlu! Sen yeryüzünü dolduracak kadar günahla karşıma gelsen; fakat bana hiçbir şeyi ortak koşmamış olsan, şüphesiz ben de seni yeryüzü dolusu bağışla karşılarım." [75]

Berat Gecesi Namazı

Berat gecesi, yaratıkların bir sene içindeki rızıklarına, zengin veya fakir, aziz veya zelil olacaklarına ve ecellerine, hac ile ilgili işlerine dair Allah tarafından meleklere bilgi verildiği gecedir. Bu bakımdan Berat gecesinde ibadet etmenin ve nâfile namaz kılmanın çok sevabı vardır. Bu gece ve her gece, teheccüd, tesbih[76], hâcet, tövbe ve kazâ namazları kılınabilir. Bunlar her zaman tavsiye edilmiş ibadetlerdir.

Ebû Tâlib el-Mekkî [k.s] bu gecede kılınacak namaz hakkında şöyle demiştir: Önceki büyüklerden bazıları bu gecede, 100 İhlâs ile 100 rekât namaz kılıyorlardı. Her rekâtında İhlâs sûresini on defa okuyorlardı. Bu namaza "salâtü'l-hayr" ismini veriyorlardı. Onun hayrı ve bereketi onlarca biliniyor ve bunun için bir araya toplanıp, bazan bu namazı cemaatle kılıyorlardı.

Hasan-ı Basrî'nin [rh.a] bu namaz hakkında şöyle dediği rivayet edilmiştir: Hz. Peygamber'in [s.a.v] ashabından otuz kişi bana şunu söylediler:

75 Tirmizî, Daavât, 98.

76 Tesbih namazı ve kılınışı, kitabın son bölümünde verilmiştir.

"Kim Şaban ayının 15. gecesinde bu namazı kılarsa, Cenâb-ı Hak ona yetmiş nazar eder ve her nazarda onun yetmiş ihtiyacını karşılar. Bunların en düşüğü, onları mağfiret etmesidir."

Büyük fakih ve muhaddislerden biri olan Molla Ali el-Kârî, *el-Âsârü'l-Merfûa* adlı eserinde, "Salâtü Leyleti'l-Berâet" adlı bir bölüm açmış, burada Berat gecesi namazı hakkında rivayetlere yer verdikten sonra şu açıklamada bulunmuştur: Bu gibi fazilet bildiren hadislerde, bazı râvilerin bilinememesi, bu hadislerin mevzû olduğu anlamına gelmez. Sadece zayıf diye nitelendirilebilir. Ne var ki Ehl-i sünnet âlimlerinin ittifakıyla, zayıf da olsa fazilet bildiren hadislerle amel edilebilir. Bütün bunlar bir yana, Resûlullah Efendimiz [s.a.v] bu gecede nâfile namaz kılmıştır ve bu sahih rivayetlerle bize kadar ulaşmıştır. Bu böyle olduktan sonra, bu gecede kılınacak namazın kemiyet ve keyfiyetinin farklı olması zarar vermez. O halde Anadolu'da, Horasan'da, Rum illerinde, Fars civarında ve Hindistan'da ve diğer yerlerde, insanların, her rekâtında on defa İhlâs sûresi okuyarak kıldıkları 100 rekâtlık namazın bir mahzuru yoktur. Ebû Talib el-Mekkî [rh.a], *Kûtü'l-Kulûb* adlı eserinde ve İmam Gazâlî [rh.a], *İhyâ* adlı eserinde ve daha pek çokları bu namazdan söz etmişlerdir. Özetle, bu gecede kılanan namazın kemiyet ve keyfiyetine dair sünnetten bir rivayet bize ulaşmamışsa da kılmak güzeldir. [77]

77 Ali el-Kârî, *el-Âsârü'l-Merfûa,* 1/80.

3. RAMAZAN AYI

Bu mübarek ay, teravih namazlarıyla, sahurdaki güzellikleriyle, mukabelelerde okunan Kur'ân-ı Kerîm tilâvetleriyle, hatimleriyle, sahurdan evvel kalkıp kılınan teheccüd namazlarıyla, iftar anının heyecanıyla, Kadir gecesindeki manevi coşkusuyla, hayır ve hasenatıyla, fitre ve zekâtıyla, bayram sabahı neşesiyle yaşadığımız bir ömrün hasat vaktidir.

Âlimlerimizin anlattığına göre sahâbe-i kirâm, altı ay boyunca Allah Teâlâ'ya, kendilerini ramazan ayına ulaştırması için dua ederler, yılın diğer altı ayında ise oruçlarının kabul edilmesi için Cenâb-ı Hakk'a yalvarırlardı.

Orucun müminlere farz olduğu bildirilen âyette de Allah [c.c] şöyle buyurmaktadır:

يَٓا اَيُّهَا الَّذٖينَ اٰمَنُوا كُتِبَ عَلَيْكُمُ الصِّيَامُ كَمَا
كُتِبَ عَلَى الَّذٖينَ مِنْ قَبْلِكُمْ لَعَلَّكُمْ تَتَّقُونَۙ

"Ey iman edenler! Oruç sizden önce gelip geçmiş ümmetlere farz kılındığı gibi size de farz kılındı. Umulur ki korunursunuz" (Bakara 2/183) zikredildiği gibi oruç ibadeti, insanı birtakım günahlardan korur ve takvaya ulaştırır. [78]

a) Ramazan Orucunun Sevabı

Oruç ibadeti, insanın başkalarına gösteriş yapma (riya) hastalığının en az olduğu bir ibadettir. Çünkü orucun dışarıdan görülebileceği apaçık bir belirtisi yoktur. İnsan, sadece Allah rızası için yemeyi, içmeyi, cinsî münasebeti terketmiştir. Bu yüzden sevabı çoktur. Nitekim sevgili Peygamberimiz'den [s.a.v] nakledildiğine göre Rabbimiz şöyle buyurmuştur:

---

78 İbrahim Tozlu, *Onbir Ayın Sultanı*, s. 20.

إِنَّ الصَّوْمَ لِى وَأَنَا أَجْزِى بِهِ

"Oruç benim içindir. Onun karşılığını ben vereceğim." [79]

Yine Resûlullah Efendimiz [s.a.v] ramazan ayının önemi hakkında bizlere bir hadislerinde şöyle buyurmaktadır:

إِذَا كَانَ أَوَّلُ لَيْلَةٍ مِنْ رَمَضَانَ صُفِّدَتِ الشَّيَاطِينُ
وَمَرَدَةُ الْجِنِّ وَغُلِّقَتْ أَبْوَابُ النَّارِ فَلَمْ يُفْتَحْ مِنْهَا بَابٌ،
وَفُتِحَتْ أَبْوَابُ الْجَنَّةِ فَلَمْ يُغْلَقْ مِنْهَا بَابٌ وَيُنَادِى
مُنَادٍ يَا بَاغِىَ الْخَيْرِ أَقْبِلْ وَيَا بَاغِىَ الشَّرِّ أَقْصِرْ وَلِلَّهِ
عُتَقَاءُ مِنَ النَّارِ وَذَلِكَ كُلَّ لَيْلَةٍ

"Ramazan ayının ilk gecesi girince şeytan ve cinlerin şerli olanları zincire vurulur, cehennem kapıları kapatılır ve hiçbiri açılmaz. Cennetin kapıları açılır, hiçbiri kapanmaz ve bir seslenen şöyle haykırır: 'Ey hayır isteyen, ibadet ve kulluğa gel! Ey şer dileyen, günahlarından vazgeç!' Allah'ın ateşten âzat ettiği kimseler vardır ve ramazan boyunca bu iş her gece yapılır." [80]

Selmân-ı Fârisî [r.a], şöyle rivayet eder:

"Resûlullah [s.a.v] şaban ayının son günü bize bir hutbe okudu ve buyurdu ki:

'Ey insanlar! Büyük bir ayın gölgesi üzerinize düşmüş bulunuyor. O ayın içinde bulunan Kadir gecesi, bin aydan hayırlıdır. Cenâb-ı Hak [c.c], bu ayda oruç tutmayı farz ve

---

79 Buhârî, Savm, 2, 9; Müslim, Sıyâm, 30.

80 Tirmizî, Savm, 1.

geceleri ibadet etmeyi nâfile kılmıştır. Kim bu ayda hayırlı bir haslet ile Allah Teâlâ'ya yaklaşırsa, diğer aylarda bir farz eda etmiş gibi sevap kazanır. Yine bu ayda bir farzı yerine getiren diğer aylarda yetmiş farzı yerine getirmiş gibi sevap kazanır.

Bu ay sabır ayıdır. Sabrın karşılığı ise cennettir. Bu ay yardımlaşma ayıdır. Bu ayda müminin rızkı artar. Kim bu ayda bir oruçluya iftar ettirirse, bir köle âzat etmiş gibi sevap kazanır ve günahları mağfiret edilir.'

Bu sözler üzerine biz dedik ki:

'Ey Allah'ın Resûlü [s.a.v]! Bizim hepimiz bir oruçluyu iftar ettirecek imkâna sahip değiliz.'

Resûlullah [s.a.v] sözlerine şöyle devam etti:

Oruçluya bir içim süt, bir içim su ve birkaç hurma vererek iftar ettirene de Allah Teâlâ bu sevabı verir. Kim bir oruçlunun karnını doyurursa, Cenâb-ı Hak onun günahlarını mağfiret eder. Yine onu benim kevser havuzumdan içirir ve ondan sonra hiç susuzluk çekmez. Oruç tutan kişinin sevabından bir şey eksilmeden, kendisinin kazandığı sevap kadar da iftar ettiren kişiye sevap verilir.

Bu ay öyle bir aydır ki, öncesi rahmet, ortası mağfiret ve sonu cehennemden âzat olmaktır. Bu ayda kölesinin (hizmetçisinin, işçisinin) işini hafifleten kişiyi Allah Teâlâ ateşten âzat eder.

Bu ayda şu dört haslete sıkıca sarılın; iki haslet ile Rabb'inizin rızâsını kazanır, ikisine ise her zaman ihtiyaç duyarsınız. Rabb'inizin rızâsını kazandıracak iki haslet şudur: Allah'tan başka ilâh bulunmadığına şehadet etmek ve Allah'tan günahların bağışlanmasını dilemek. Her zaman ihtiyaç duyduğumuz iki haslet ise, Rabb'imizden cenneti istemek ve cehennemden O'na sığınmaktır." [81]

Oruç tutan kimse, eline, diline hâkim olup niyetini de güzel yaptıktan sonra onun bütün fiilleri ibadet olmaktadır. Nitekim Resûlullah [s.a.v] oruç tutan kimsenin uykusunun dahi ibadet olacağını buyurmaktadır:

"Oruçlunun uykusu ibadet, susması tesbihtir. Amellerinin karşılığı kendisine kat kat fazlasıyla verilir. Onun duaları makbul, günahları mağfurdur." [82]

Ebû Hüreyre'den [r.a] rivayet edilen bir başka hadiste de Resûlullah Efendimiz [s.a.v], Allah Teâlâ'nın şöyle buyurduğunu bildirmektedir:

كُلُّ حَسَنَةٍ يَعْمَلُهَا ابْنُ آدَمَ تُضَاعَفُ عَشْرًا إِلَى سَبْعِ مِائَةِ ضِعْفٍ إِلاَّ الصِّيَامَ فَهُوَ لِي وَأَنَا أَجْزِي بِهِ يَدَعُ شَهْوَتَهُ مِنْ أَجْلِي وَيَدَعُ طَعَامَهُ مِنْ أَجْلِي فَرْحَتَانِ لِلصَّائِمِ فَرْحَةٌ عِنْدَ فِطْرِهِ وَفَرْحَةٌ عِنْدَ لِقَاءِ رَبِّهِ عَزَّ وَجَلَّ وَلَخُلُوفُ فَمِ الصَّائِمِ أَطْيَبُ عِنْدَ اللَّهِ مِنْ رِيحِ الْمِسْكِ

"İnsanoğlunun yaptığı her iyiliğin karşılığı, on katından yedi yüz katına kadar sevapla katlandırılarak verilir. Oruç bundan müstesnadır. Çünkü o, benim için yapılmıştır ve onun karşılığını da bizzat ben vereceğim. (Oruç tutan kul) benim için isteklerini (şehvetlerini), yemeseni (içmesini) ter-

81 Beyhakî, *Şuabü'l-İmân*, nr. 3695; Münzirî, *et-Tergîb ve't-Terhîb*, nr. 1469. Bu hadis-i şerifin, *"Kim bir oruçluya iftar ettirirse, kendisine onun sevabı kadar sevap yazılır. Üstelik bu sebeple oruçlunun sevabından hiçbir eksilme olmaz"* bölümü için bk. Tirmizî, Savm, 82; İbn Mâce, Sıyâm, 45.

82 Ali el-Müttakî, *Kenzü'l-Ummâl*, nr. 23562.

ketmiştir. Oruç tutan için iki sevinç vardır. Biri iftar anında orucunu açarkenki sevinci, diğeri de Rabb'ine kavuştuğu andaki sevinci. Yemin olsun ki, oruç tutanın ağız kokusu, Allah katında misk kokusundan daha hoştur." [83]

Yüce Allah'ın, "Oruç Benim İçindir" Sözünün Manası

İbn Receb el-Hanbelî [rh.a], *Letâifü'l-Maârif* adlı eserinde, bu hadisin manasını şöyle açıklar:

Birincisi: Oruç, hem nefsin isteklerini hem de yaratılışta insan benliğine yerleştirilmiş istekleri terketmektir. Bunu da sırf Allah için yapmaktır. Böyle bir özellik oruç dışındaki bir ibadette yoktur. Mesela kişi hacda ihramlı iken cinsel ilişkiye giremez ve koku sürünmek gibi cinsel ilişkiye yönlendirecek işleri yapamaz. Ama bunların dışında yeme, içme gibi diğer isteklerini yapabilir. Aynı şey itikâfta bulunan biri için de geçerlidir.Namaza gelince, bu fiillerin hepsini yapmak her ne kadar da yasak olsa, onun vakti oruç gibi uzun değildir. Hatta kişinin yemek hazırken namaza durması dahi tavsiye edilmemiştir. Eğer yemek hazırsa, kişi nefsini teskin edene kadar yemeğini yer ve ondan sonra namaza durur. Bu sebeple, akşam namazının vakti dar olmasına rağmen eğer yemek hazırsa ve kişinin nefsi yemeğe meylediyorsa, önce yemek yemesi emredilmiştir.

Oruca gelince, o ise gündüzün bütün zamanını kapsar. Oruç tutan kişi, nefsinin bütün isteklerinden kendini uzak tutmak durumundadır. Özellikle sıcakta ve gündüzlerin uzun olduğu mevsimlerde oruç tutmak gerkçekten zordur. Bu sebeple, sıcakta oruç tutmak iman alametlerinden sayılmıştır.

83 Ahmed b. Hanbel, *el-Müsned*, 2/266.

Aynen bunun gibi, kişinin nefsi kabarır, istediğini gerçekleştirmek de elindedir, ancak yanında hiç kimse olmamasına rağmen sırf Allah rızası için kişi bundan vazgeçerse, bu onun iman sıhhatinin bir delilidir. Muhakkak, oruçlu olan kişi de, kendisinin bir Rabb'i olduğunu ve O'nun kendisini kimsenin olmadığı yerde de gördüğünü bilir. Kimsenin olmadığı bir yerde nefsinin o şeylere karşı meyilli yaratılmasına rağmen sırf Allah için o şeylerden yüz çevirir, Rabb'ine itaat eder. Yasakladığı şeylerden kaçınır. Yüce Allah da mükâfat olarak, *"Oruç benim içindir. Onun mükâfatı benim katımdadır"* buyurmuştur. [84]

Oruçlu bir mümin, Rabb'inin rızasının, nefsinin isteklerini terketmekte olduğunu bildiği zaman, Rabb'inin hoşnutluğunu arzu ve isteklerinin önüne alır. Artık o, nefsinin isteklerini terketmek suretiyle ilâhî lezzetler almaya başlar.

İkincisi: Oruç Allah ile kul arasında bir sırdır, onu kimse bilmez. Çünkü oruç kalben yapılan bir niyettir ve aslında kimse yokken bile insanın ulaşabileceği arzu ve isteklere el uzatmamaktır. Bu nedenle, "Görevli melekler, oruç tutanın sevabını yazamaz!" denilmiştir. Bazıları da, "Oruç ibadetine riya karışmaz" demiştir. Yüce Allah da kulların gizli hayırlar işlemesinden çok hoşnut olur. Kendisine karşı emredici veya yasaklayıcı birinin olmadığı bir yerde bile, kendisini nefsinin istek ve arzularından vazgeçiren kimsenin durumu, imanının sıhhatine işarettir. Allah Teâlâ da sevdiği kullarına, sadece kendisiyle onun arasında olmak üzere muamele etmeyi sever. Yüce Allah'a karşı muhabbeti fazla olan müminler de amelin gizli olanını yapmaktan hoşlanırlar. Hatta muhabbet ehli müminlerden bazıları, görevli meleklerin yazamadığı, bilmediği amelleri işlemeyi severler, tercih ederler. [85]

84 İbn Receb el-Hanbelî, *Letâifü'l-Maârif,* s. 296-297.

85 İbn Receb el-Hanbelî, *Letâifü'l-Maârif,* s. 299.

Peygamber Efendimiz [s.a.v] cennette sadece oruç tutanların girebileceği ve adının "reyyan" olduğu cenneti, *"Kıyamet gününde bu kapıdan sadece oruç tutanlar girecek, oruç tutanlar içeri girince de kapılar kapanacak, onlardan başka kimse içeri alınmayacaktır"* [86] sözleriyle biz ümmetine müjdelemiştir. Yine Resûlullah Efendimiz [s.a.v] şöyle buyurmuştur:

مَنْ تَقَرَّبَ فِيهِ بِخَصْلَةٍ مِنَ الْخَيْرِ كَانَ كَمَنْ

أَدّٰى فَرِيضَةً فِيمَا سِوَاهُ وَمَنْ أَدّٰى فَرِيضَةً فِيهِ كَانَ

كَمَنْ أَدّٰى سَبْعِينَ فَرِيضَةً فِيمَا سِوَاهُ

"Kim bu ayda hayırlı bir amel ile Rabb'ine yaklaşırsa, diğer aylarda bir farzı yapmış gibi sevap kazanır. Yine bu ayda bir farzı yerine getiren kimse, diğer aylarda yetmiş farzı yerine getirmiş gibi sevap kazanır." [87]

Resûlullah [s.a.v], ramazan ayını "sabır ayı" diye isimlendirmiştir. Çünkü sabır, nefsi arzularından alıkoymak ve Allah'ın emrine hapsetmektir.

Abdurrahman Tâhî hazretleri [k.s] bir dostuna yazdığı mektupta şöyle demiştir: "Bu ayı bir ganimet bilmelisin. Bu mübarek ayın her gecesinde binlerce insan cehennemden âzat edilir. Cennet kapıları açılır. Cehennem kapıları kapatılır. Azgın şeytanlar dizginlenir. İftarda acele etmek, sahuru ise geciktirmek sünnettir. Özellikle bu iki vakitte Allah'a olan âcizliğimizi ortaya koymalıyız. Böyle yapana çok sevap verilir. Teravih namazlarını kılmak, Kur'ân-ı Kerîm'i hatmetmek Peygamberimiz'in [s.a.v] hiç

86 Buhârî, Savm,4; Tirmizî, Savm, 55.

87 Beyhakî, *Şuabü'l-İmân,* nr. 3608; Münzirî, *et-Tergîb ve't-Terhîb,* nr. 1462.

terketmediği müekked sünnetlerdendir. Dedikodu (gıybet) yapmaktan, boş sözler söylemekten, yalan konuşmaktan sakınmalısın. Mürşidinden uzakta ramazan ayını geçirdiğin için mahzun kalpli olmalısın. Bu ayda onunla beraber geçirdiğin günleri çokça hatırlamalısın. Virdlere ve özellikle bu ayda öğle namazından hemen sonra yapılan rabıtaya sımsıkı yapışmalısın." [88]

Resûlullah [s.a.v] ibadet ehli ile oruç tutanın ortak özelliğini şöyle ifade buyurmuştur:

"Allah Teâlâ, ibadet eden genci meleklerine göstererek şöyle buyurur: Ey benim için şehvetini, isteklerini bırakan, gençliğini benim için harcayan genç, sen benim yanımda bir melek gibisin." [89]

Orucun, Kulu Yüce Allah'a Yaklaştırması

Resûl-i Ekrem'in [s.a.v] bize bildirdiği bir hadis-i kutsîde yüce Allah oruç tutan kulu hakkında meleklerine övünerek şöyle buyurur:

اُنْظُرُوا إِلَى عَبْدِى تَرَكَ شَهْوَتَهُ مِنْ أَجْلِى.

"(Ey meleklerim), şu kuluma bakınız, şehvetini (yemesini-içmesini) benim için terketmiştir" [90] buyurmuştur.

Peki, oruç hangi faydaları sesebiyle kulu Allah'a yaklaştırır? Bunları şöyle özetleyebiliriz:

1. Oruç insanın nefsinin kırılmasına yardımcı olur. Çünkü tokluk, insanı gaflete sürükleyebilir.

88 Abdurrahman Tâhî, *Mektuplar*, s. 169 (51. Mektup).

89 Biraz farklı lafızlarla bk. Deylemî, *Firdevsü'l-Ahbâr*, nr. 8137; Zebîdî, *İthâf*, 4/324.

90 Ali el-Müttakî, *Kenzü'l-Ummâl,* nr. 43057.

2. Oruç vesilesiyle insan, kendisini zikre ve tefekküre vermek için fırsat bulur. Çünkü insanın canının çektiği her şeyin elinin altında daima hazır olması ve bunları kullanması, zikir ve tefekkürün arasına perde olduğu gibi kalbinin katılaşmasına ve hatta körelmesine de sebebiyet verir. Midenin yiyecek ve içeceklerden uzaklaştırılmasıyla kalbe nurun girmesi kolaylaşır. Kalp latif hale gelir, incelir; katılığı gider. Zikir ve tefekkür etmek için kendisine meydan bulur.

3. Orucun faydalarından bir diğeri de zenginlerin, Allah'ın vermiş olduğu nimetlerin kadrü kıymetini oruç vesilesiyle anlamalarıdır. Zengin, belirli bir süre de olsa yemeden, içmeden uzak durunca, yiyecek bir tas çorbası olmayan fakirlerin durumunu anlamış olur ve böylece artık onlara karşı daha şefkatli ve merhametli, yardımsever olmaya çalışır. Allah'ın kendisine verdiği nimetlere şükreder.

4. Oruç sayesinde şeytanın insana giriş yolları kapatılmış olur. Nitekim Resûlullah Efendimiz'in [s.a.v] de bildirdiği gibi şeytan insanoğlunun damarlarında kanın dolaşması gibi dolaşmaktadır. İşte, oruç sayesinde onun dolaşacağı yerler daraltılmış ve kapatılmış olur. Vesveseler teskinlenir, şehvet ve öfke kırılır. Bu saydığımız sebeplerledir ki, Resûlullah [s.a.v] orucun, cinsî şehvetlere karşı bir kalkan olduğunu bildirmiştir. [91]

Oruç Tutmaktan Maksat Nedir?

Burada şunu hatırlatmak gerekirse, kişinin Allah'a yakınlığı sadece, oruç tutmakla ve oruç süresinde onun haram kıldıklarından sakınmakla olmamalıdır. Allah'a yakın olmak, O'nun yasakladığı her türlü şeyden, yalandan, zulümden, düşmanlıklardan her zaman uzak durmakla

91 Müslim, Nikâh, 1.

mümkün olur. Haram işlerden sürekli uzak durulmadıktan sonra, oruçlu değilken bile mubah olan işleri terketmekle Allah'a yaklaşılmaz. Resûl-i Ekrem [s.a.v] buna işaretle şöyle buyurmuşlardır:

"Kim yalan sözü ve onunla amel etmeyi terketmezse, Allah'ın, o kişinin yemesini ve içmesini terketmesine ihtiyacı yoktur." [92]

Câbir [r.a] şöyle demiştir: "Oruç tuttuğun zaman kulağın, gözün ve dilin harama ve yalana karşı oruçlu olsun. Komşuna eziyeti terket! Oruçlu olduğun zaman üzerinde bir vakar olsun ve sekinet olsun. Oruçlu olduğun gün ile olmadığın gün bir olmasın."

Resûl-i Ekrem [s.a.v],

رُبَّ صَائِمٍ لَيْسَ لَهُ حَظٌّ مِنْ صَوْمِهِ إِلاَّ الْجُوعُ وَالْعَطَشُ

وَرُبَّ قَائِمٍ لَيْسَ لَهُ حَظٌّ مِنْ قِيَامِهِ إِلاَّ السَّهَرُ وَالنَّصَبُ

"Nice oruç tutanlar vardır ki, bu oruçtan nasipleri sadece aç ve susuz kalmaktır. Nice gece kalkıp da ibadet edenler vardır ki, onların bundan nasipleri sadece uykusuzluk ve zahmettir" [93] buyurmuştur.

Bu hadisin manası şöyledir: Yüce Allah'a yaklaşmak, O'nun dostluğunu elde etmek sadece yemek içmek gibi mubah olan işleri terketmekle olmaz. Haramlardan da mutlak surette kaçınmak gerekir. Haramları işleyip yemek içmek gibi mubah işleri terkeden kimsenin durumu, farzları terkedip, nâfile ibadetlerle Allah'ın dostluğunu kazanmaya çalışan kimsenin durumuna benzer.

---

92 Buhârî, Savm, 4; Ebû Davud, Savm, 25; Tirmizî, Savm, 16.

93 İbn Mâce, Sıyâm, 21; Ahmed b. Hanbel, *el-Müsned,* 2/373; Hâkim, *el-Müstedrek*, 1/431.

Resûlullah [s.a.v] zamanında iki kadın oruç tutmaya başladılar. Açlık ve susuzluktan dolayı neredeyse ölmek üzereydiler. Bunun üzerine, oruçlarını açmak için izin almak üzere Resûl-i Ekrem'e [s.a.v] haber gönderdiler. Hz. Peygamber [s.a.v] onlara bir kap göndererek kusmalarını emretti. Onlardan biri verilen kaba kustu ve kap etle, kanla yarıya kadar doldu. Diğeri de aynı şekilde ... Orada bulunan insanlar, buna hayretler içinde şahit oldular. Resûl-i Ekrem [s.a.v] bu husus için şöyle buyurdu:

"Bu ikisi, oruç tutmaya başladılar. Allah'ın kendilerine helâl kıldığı fiillerden (yiyip içmekten) kendilerini korudular, ama Allah'ın haram kıldığı fiillerden sakınmadılar. Şöyle ki, onlardan biri, diğerinin yanına gelip oturdu ve diğer insanların gıybetini yapmaya, dolayısıyla insanların etlerini yemeye başladılar ..."[94]

İmâm-ı Rabbânî Hazretlerinin Ramazan Ayı Hakkındaki Sözleri

İmâm-ı Rabbânî hazretleri [k.s] muhtelif mektuplarında ramazan ayı hakkında şu tavsiyelerde bulunmuştur:

Ramazan ayının gerçekten çok şerefli ve mübarek bir ay olduğunu bilmek gerekir. Bu ayda yapılan nâfile namaz, zikir, sadaka ve bütün nâfile ibadetlere verilen sevap, diğer aylarda yapılan farzların sevabına denktir. Bu ayda bir farzı eda eden kişi, başka aylarda yapılan yetmiş farzın sevabını kazanır. Bu ayda bir oruçluya iftar verenin günahları affolur. Cehennemden âzat olur. O oruçlunun sevabı kadar iftar ettirene de sevap verilir. O oruçlunun sevabı hiç azalmaz.

---

94 Ahmed b. Hanbel, *el-Müsned*, 2/373.

Bu ayda, emri altında bulunanların işlerini hafifleten, onların ibadet etmelerine kolaylık gösteren âmirler de affolur, cehennemden âzat olur. Resûlullah [s.a.v], ramazan ayı girince bütün esirleri âzat eder, isteyen herkesin isteğini yerine getirmeye çalışırdı. Bu ayda ibadet ve iyi işler yapmaya muvaffak olanlar, senenin diğer kısmında da hayırlı işler yapmaya muvaffak olurlar. Bu ayı değerlendirmeden, boş boş geçiren kimsenin senenin geri kalan kısmındaki durumu da aynen ramazandaki gibi olur.

Mümin kul bu ayı fırsat bilmeli, elinden geldiği kadar ibadet etmelidir. Allah Teâlâ'nın razı olduğu işleri yapmalıdır. Bu ayı, ahireti kazanmak için fırsat bilmelidir. Zira Allah Teâlâ bu ayın her gecesinde, cehenneme girmeye hak kazanmış binlerce mümini âzat etmektedir.

Bu ayda, cennet kapıları açılır, cehennem kapıları kapanır. Şeytanlar zincirlere bağlanır. Rahmet kapıları açılır. İftarda acele etmek, orucu hurma ile açmak ve sahuru geciktirmek sünnettir.

İftar edince,

ذَهَبَ الظَّمَأُ وَابْتَلَّتِ الْعُرُوقُ وَ ثَبَتَ الْأَجْرُ إِنْ شَاءَ اللّٰهُ

"Zehebe'z-zamau vebtelleti'l-urûk ve sebbeti'l-ecrü inşâallah"

Manası: *"Susuzluk gitti, damarlar ıslandı, ecir de hak oldu inşallah."* [95]

veya,

اَللّٰهُمَّ لَكَ صُمْتُ وَعَلَى رِزْقِكَ أَفْطَرْتُ

"Allahümme leke sumtü ve alâ rızkıke eftartü"

95 Ebû Davud, Savm, 22; Süyûtî, *Câmiu's-Sagîr*, nr. 6589.

Manası: *"Ey Allahım! Sadece senin için oruç tuttum ve senin rızkınla orucumu açtım"* diye dua etmek sünnettir. [96]

İmâm-ı Rabbânî [k.s] ramazan ayının hürmeti hakkında bir diğer mektubunda şöyle buyurmuştur:

Ramazan ayındaki iyiliklerin ve bereketlerin hepsi, Allah Teâlâ'nın zâtındaki üstünlüklerden gelmektedir. Bu üstünlüklerin hepsi de, O'nun kelâm şânında bulunmaktadır. Kur'ân-ı Kerîm, bu kelâm şânının hakikatinin hepsinden hâsıl olmuştur. Bundan dolayı, bu mübarek ayın, Kur'ân-ı Kerîm ile tam bağlılığı vardır. Şu yönle ki, Kur'ân-ı Kerîm kendisinde bütün üstünlükleri topladığı gibi bu mübarek ay da, Kur'ân-ı Kerîm'in üstünlüklerinin neticeleri olan hayırları kendisinde toplamıştır. İşte bu münasebet, Kur'ân-ı Kerîm'in bu ayda inmesine sebep olmuştur. Nitekim Allah Teâlâ, *"Ramazan ayı, insanlara yol gösterici, doğrunun ve doğruyu eğriden ayırmanın açık delilleri olarak Kur'an'ın indirildiği aydır"* [97] buyurmuştur.

Kadir gecesi bu aydadır. Bu ayın özüdür. Kadir gecesi, çekirdeğin içi gibidir. Ramazan ayı da, kabuğu gibidir. Bunun için, bir kimse, bu ayı saygılı, iyi bir şekilde geçirirse, bu ayın iyiliklerine ve bereketlerine kavuşmak suretiyle bu senesi iyi geçer, hayırlı ve bereketli olur. Allah Teâlâ, hepimizi bu mübarek ayın iyiliklerine, bereketlerine kavuştursun. Her birimize bundan büyük pay versin! [98]

Ramazanda Cömertlik

Müslümana yakışan en güzel davranış, zenginliğe sahip olmadığı zaman sabretmesi, bir servet sahibi olduğu

96 Ebû Davud, Savm, 22. Mektup için bk. İmâm-ı Rabbânî, *Mektûbât*, 54. Mektup.

97 Bakara 2/185.

98 Mektup için bk. İmâm-ı Rabbânî, *Mektûbât*, 162. Mektup.

zaman ise bunu Allah [c.c] yolunda en güzel şekilde kullanmasıdır.

İbn Abbas [r.a] diyor ki: "Resûlullah [s.a.v] hayır hususunda insanların en cömerdi idi. En cömert olduğu zaman ramazan ayında Cebrâil [a.s] ile buluştuğu zamandı. Cibrîl [a.s] onunla ramazanın her gecesinde buluşuyor ve Hz. Peygamber de [s.a.v] ona Kur'an'ı arzediyordu (ezbere okuyordu). Resûlullah [s.a.v] Cebrâil [a.s] ile karşılaştığı zamanlar hayır hususunda esen rüzgârdan daha cömert olurdu." [99]

Cömertlik, Hz. Peygamber'in [s.a.v] en belirgin vasıflarından biridir. O, son derece cömert idi. Kendisinden bir şey isteyen hiç kimseyi geri çevirmezdi. O, verebileceği ne varsa hiç çekinmeden verirdi. Nitekim Câbir b. Abdullah [r.a] der ki: "Resûlullah [s.a.v] kendisinden herhangi bir şey istendiğinde, asla, 'hayır, yok' dememiştir." [100]

Hz. Âişe'den [r. anhâ] gelen bir rivayette Resûlullah [s.a.v] buyururlar ki:

السَّخِيُّ قَرِيبٌ مِنَ اللّٰهِ قَرِيبٌ مِنَ النَّاسِ قَرِيبٌ مِنَ الْجَنَّةِ
بَعِيدٌ مِنَ النَّارِ وَالْبَخِيلُ بَعِيدٌ مِنَ اللّٰهِ بَعِيدٌ مِنَ الْخَلْقِ
بَعِيدٌ مِنَ الْجَنَّةِ قَرِيبٌ مِنَ النَّارِ وَالْجَاهِلُ السَّخِيُّ
أَحَبُّ إِلَى اللّٰهِ تَعَالَى مِنْ عَالِمٍ بَخِيلٍ.

"Cömert, Allah'a yakın, insanlara yakın, cennete yakın; ateşe/cehenneme uzaktır. Cimri, Allah'a uzak, insanlara uzak,

99 Müslim, Fezâil, 50; Tirmizî, *Şemâil*, nr. 353; Ahmed b. Hanbel, *el-Müsned*, 1/230, 288, 326.

100 Buhârî, Edeb, 39; Müslim, Fezâil, 14.

cennete uzak; ateşe/cehenneme yakındır. Cahil ama cömert biri, Allah katında cimri âlimden daha değerlidir." [101]

Cömert ve cimrinin durumlarını Hz. Peygamber [s.a.v] bir hadislerinde şöyle anlatmışlardır:

السَّخَاءُ شَجَرَةٌ فِي الْجَنَّةِ أَغْصَانُهَا مُتَدَالِيَاتٌ فِي الدُّنْيَا مَنْ أَخَذَ بِغُصْنٍ مِنْهَا قَادَهُ إِلَى الْجَنَّةِ وَالْبُخْلُ شَجَرَةٌ فِي النَّارِ أَغْصَانُهَا مُتَدَالِيَاتٌ فِي الدُّنْيَا فَمَنْ أَخَذَ بِغُصْنٍ مِنْهَا قَادَهُ إِلَى النَّارِ

"Cömertlik, dalları cennetten dünyaya sarkmış bir ağaçtır. Dallarından tutanı cennete götürür. Cimrilik ise dalları cehennemden dünyaya uzanmış bir ağaçtır; dallarından tutunanı ateşe götürür." [102]

Sehl b. Said'in [r.a] rivayet ettiği bir hadis şöyledir: "Resûl-i Ekrem'e [s.a.v] bir elbise hediye edilmişti. Resûlullah [s.a.v] elbiseye ihtiyacı olduğundan bunu kabul etti ve giydi. Sonra bir adam geldi ve Hz. Peygamber'den [s.a.v] bu elbiseyi istedi. Resul-i Ekrem de [s.a.v] elbiseyi o adama verdi. Orada bulunan sahabiler bu adama kızdılar:

- Resûlullah'ın [s.a.v] bu elbiseye ihtiyacı vardı; neden istedin? Sen de biliyorsun ki ondan bir şey istendiğinde asla geri çevirmez, dediler. Adam,

- Ben bu elbiseyi kendime kefen yapmak için istedim, dedi. Gerçekten de bu adam kısa bir müddet sonra vefat etti ve o elbise onun kefeni oldu." [103]

---

101 Heysemî, *Mecmau'z-Zevâid,* 3/127; 7/127; Ali el-Müttakî, *Kenzü'l-Ummâl,* nr. 10928; Aclûnî, *Keşfü'l-Hafâ,* 1/145.

102 Hatîb el-Bağdâdî, *Târihu Bağdât,* 1/253; 3/304; Ali el-Müttakî, *Kenzü'l-Ummâl,* nr. 15927, 16208.

103 Buhârî, Cenâiz, 28.

Resûl-i Ekrem'in [s.a.v] diğer aylara nazaran ramazan ayında çokça cömert olmasının birçok sebebi vardır:

1. Ramazan ayının şerefinden ve bu ayda yapılan iyiliklerin karşılığının kat kat verilişinden dolayı, Nebî [s.a.v] diğer aylara göre ramazanda daha fazla cömert olmuştur. Nitekim bir hadis-i şeriflerinde şöyle buyurmuştur:

أَفْضَلُ الصَّدَقَةِ صَدَقَةٌ فِي رَمَضَانَ

"Sadakanın en faziletlisi, ramazanda verilendir." [104]

2. Ramazanda oruç tutanlara, gece ibadet edenlere, Allah'ı zikredenlere yardımcı olanlara, oruç tutanların elde ettikleri sevap kadar ecir verileceğinden dolayı çokça cömert davranmıştır. Çünkü bu gibi kimselere yardım eden, aynı onlar kadar sevap kazanır. Nasıl ki savaşa giden birinin ihtiyaçlarını karşılayan, onun teçhizatını hazırlayan kişi, aynen savaşa katılmış gibi sevap alıyorsa, bu da öyledir. Nitekim konuyla ilgili bir hadiste de şöyle buyrulmaktadır:

مَنْ فَطَّرَ صَائِمًا فَلَهُ مِثْلُ أَجْرِهِ مِنْ غَيْرِ
أَنْ يَنْقُصَ مِنْ أَجْرِ الصَّائِمِ شَيْءٌ

"Kim oruçlu birine iftar ettirirse, ona, oruç tutanın sevabından hiçbir şey eksiltilmeksizin kazandığı sevabın aynısı vardır." [105]

Hz. Âişe'den [r.anhâ] rivayet edilen bir hadiste ise bu konuya şöyle değinilmiştir: *"Her kim bir oruçluya iftar ettirirse, yiyeceğin kuvveti onun bedeninde olduğu müddetçe, yemek yedirene sevap yazılmaya devam eder."* [106]

104 Ali el-Müttakî, *Kenzü'l-Ummâl,* nr. 16249.

105 Tirmizî, Savm, 82; İbn Mâce, Sıyâm, 45; Ahmed b. Hanbel, *el-Müsned,* 4/114, 116.

106 Taberânî, *el-Mu'cemü'l-Evsat,* nr. 7136.

Selmân-ı Fârisî'den [r.a] merfû olarak rivayet edilen bir hadiste, Allah Resûlü [s.a.v] şöyle anlatmıştır:

"Ramazan paylaşım ayıdır. Ramazan müminin rızkının artırıldığı bir aydır. Her kim bu ayda bir oruçluya iftar ettirirse, bu onun günahları için bir mağfiret, cehennemden kurtuluş beratı olur. Oruç tutanın sevabından hiçbir şey eksiltilmeden iftar ettirene de verilir."

Bunun üzerine sahabeden bazıları Resûlullah'a [s.a.v],

- Ey Allah'ın Resûlü [s.a.v]! Herkes öyle iftar ettirecek güçte değil (Bizler sevabı ve mükâfatı nasıl elde edeceğiz?), diye sordular.

Nebî [s.a.v] buyurdular ki:

- *Allah Teâlâ bu ecri ve mükâfatı, su ile karıştırılmış süt ile veya bir hurma ile veya bir bardak su ile de olsa iftar ettiren kimseye verir. Her kim bir oruçluya bu şekilde iftar ettirirse, Allah Teâlâ o kimseye benim havz-ı kevserimden içirir. O kimse artık cennete girene kadar hiç susamaz."* [107]

3. Ramazan, yüce Allah'ın kullarına rahmet ve mağfiret rüzgârlarını estirdiği, onları cehennem ateşinden âzat ettiği bir aydır. Allah [c.c], mahlûkata karşı merhametli olan kulana merhamet eder. Nitekim bir hadiste Nebî [s.a.v],

إِنَّمَا يَرْحَمُ اللهُ مِنْ عِبَادِهِ الرُّحَمَاءُ

"Yüce Allah ancak merhametli kullarına merhamet eder." [108] İşte, her kim oruç tutanlara yedirme, içirme, ihtiyaçlarını giderme vb. şekillerde merhamet ederse, Allah da [c.c] ona, karşılığını verir.

---

107 İbn Huzeyme, *Sahîh*, nr. 1887; Beyhakî, *Şuabü'l-İmân*, nr. 3955.

108 Buhârî, Cenâiz, 31; Müslim, Cenâiz, 6.

4. Oruç ile sadakayı birleştirmek, yani oruç tutarken imkân nisbetinde muhtaçlara sadaka vermek, insanı cennete ulaştıran yollardandır. Hz. Ali'nin [r.a] rivayet ettiği bir hadiste Resûl-i Ekrem [s.a.v],

"Cennette, dışından bakıldığında içerisi, içeriden bakıldığında da dışarısı görülen odalar vardır" buyurdu. Sahabiler,

Ey Allah'ın Resûlü [s.a.v]! Bu odalar (evler) kimler içindir, dediler. Resûl-i Ekrem [s.a.v],

"Güzel, doğru söz söyleyen, yediren, oruca devam eden ve insanlar uyurken ibadetle meşgul olanlar içindir" cevabını verdi. [109]

Bu hasletlerin hepsi bir müminde ramazan ayında olur. Ramazan ayında mümin oruçlu olur, gece namaz kılar, sadaka verir, kötü ve boş söz kullanmaz. Oruç, namaz ve sadaka gibi ibadetler ise kişiyi Allah'a [c.c] ulaştırır. Seleften birinin dediği gibi: "Namaz, kişiyi yolun yarısına ulaştırır. Oruç onu Melikü'l-Cebbâr'ın kapısına vardırır. Sadaka da cennete götürür."

Bir gün Resûl-i Ekrem [s.a.v] sahabilerine,

- *Bugün içinizde oruçlu olarak sabahlayan var mı,* diye sordu. Hz. Ebû Bekir [r.a],

- Ben, dedi. Resûlullah [s.a.v],

- *Bugün, içinizden cenaze işleri ile meşgul olanınız var mı,* diye sordu, Hz. Ebû Bekir [r.a],

- Ben, cevabını verdi. Hz. Peygamber [s.a.v],

- *Bugün, bir yoksula sadaka vereniniz var mı,* diye sordu, Hz. Ebû Bekir [r.a],

---

109 Ahmed b. Hanbel, *el-Müsned,* 5/343; Abdürrezzâk, *el-Musannef,* nr. 20883; Hâkim, *el-Müstedrek,* 1/80, 321.

- Ben, dedi. Resûl-i Ekrem [s.a.v],

- *Bugün, hasta ziyaretinde bulunanız var mı,* diye sordu. Hz. Ebû Bekir [r.a],

- Ben, dedi. Bunun üzerine Resûlullah [s.a.v],

- *Bu hasletler kimde olursa, mutlaka cennete girer,* buyurdu.[110]

5. İmkânı olanların oruç tutarken sadaka vermeleri, günahların affına, hataların kefâretine ve cehennemden kurtulmalarına vesile olur. Özellikle buna bir de gece namazı eklenirse çok daha güzel olur. Resûlullah [s.a.v] bu hususta,

الصِّيَامُ جُنَّةٌ

"Oruç bir kalkandır" [111] buyurmuştur.

Bir diğer hadislerinde de şöyle buyurmuşlardır:

الصَّدَقَةُ تُطْفِئُ الْخَطِيئَةَ كَمَا يُطْفِئُ الْمَاءُ النَّارَ
وَقِيَامُ الرَّجُلِ مِنْ جَوْفِ اللَّيْلِ

"Suyun ateşi söndürdüğü gibi, oruç da hataları yok eder. Bir adamın gece yarısı (ibadet için) kalkması da böyledir." [112]

Ebü'd-Derdâ [r.a] şöyle dermiş: "Kabrin karanlığında kalmamak için gecenin karanlığında kalkıp iki rekât namaz kılın. Mahşer gününün sıcaklığına maruz kalmamak için, şu dünyanın sıcak günlerinde oruç tutun. Kıyametin zorlu günleri gelmeden önce sadaka verin." [113]

110 Müslim, Zekât, 27.

111 Buhârî, Savm, 2; Müslim, Sıyâm, 162; Ebû Davud, Savm, 25.

112 Ahmed b. Hanbel, *el-Müsned,* 5/231, 237, 248.

113 İbn Receb el-Hanbelî, *Letâifü'l-Maârif,* s. 324.

6. Oruçta bazı noksanlıklar ve hatalar bulunabilir. Oruç tutarken onu günahlardan, kötülüklerden korumak şart kılınmıştır. İnsanların genelinin oruçları ise noksanlarla, hatalarla doludur. İşte sadaka burada devreye girer. Çünkü sadaka, orucun noksanlarını tamamlar. Bu nedenle, ramazan ayının sonunda, oruç tutarken işlenen hatalara birer kefâret olması için fıtır sadakası vermek vâcip kılınmıştır. Fıtır sadakası bu şekilde oruçlunun boş ve kötü sözlerine, orucunda olan eksikliklere kefâret olur.

Sahurda Bereket Vardır

Enes b. Mâlik'ten [r.a] gelen hadiste Hz. Peygamber [s.a.v] şöyle buyurmuştur:

تَسَحَّرُوا فَإِنَّ فِي السَّحُورِ بَرَكَةً

"Sahur yemeği yiyiniz. Çünkü sahur yemeğinde bereket vardır." [114]

Bu bereket seher vaktinde uyanmak, o vakitte dua ve zikirle meşgul olmaktır. Çünkü seher vaktinde dua, zikir ve istiğfarla meşgul olmak Kur'an'da da övülmüştür. *"O müminler seher vakitlerinde istiğfar ederler"* (Âl-i İmrân 3/17) gibi daha pek çok âyet-i kerimede, seher vakitlerinde uyanık kalmaya işaret vardır ... Yine sahur yemeği yemekle Ehl-i kitaba muhalefet edilmiş olur. Nitekim onların oruçlarında sahura kalkmak gibi bir özellik yoktur ... Amr b. Âs'ın [r.a] rivayet ettiği bir hadiste Resûlullah [s.a.v], *"Bizim orucumuzla Ehl-i kitabın orucu arasındaki fark sahur yemeğidir"* buyurmuşlardır. [115]

---

114 Buhârî, Savm, 20; Müslim, Sıyâm, 45.

115 Müslim, Sıyâm, 46; Ebû Davud, Savm, 16;Tirmizî, Savm, 17; Nesâî, Sıyâm, 2, 7; Dârimî, Savm, 9.

Ebû Saîd el-Hudrî'den [r.a] rivayet edildiğine göre Nebî [s.a.v] şöyle buyurmaktadır:

اَلسَّحُورُ أَكْلُهُ بَرَكَةٌ فَلاَ تَدَعُوهُ وَلَوْ أَنْ يَجْرَعَ أَحَدُكُمْ جُرْعَةً مِنْ مَاءٍ فَإِنَّ اللّٰهَ وَمَلاَئِكَتَهُ يُصَلُّونَ عَلَى الْمُتَسَحِّرِينَ

"Sahur yemeğinde bereket vardır. Bir yudum su bile içecek olsanız sahura kalkmayı ihmal etmeyiniz. Çünkü sahura kalkana Allah rahmet eder, melekler de bağışlanmaları için dua ederler." [116]

Sahura kalkmak iki türlü berekete vesiledir; biri, sahur yemeği yiyenin gündüz hissedeceği açlık ve susuzluğa karşı daha tahammüllü olması ve bu vesileyle hem ibadetlerinden hem de dünyevî işlerinden geri kalmamasıdır.

Diğeri de, seher vakti uyanık kalmakla insan, ibadete, duaya ve zikretmeye fırsat bulur. Çünkü sahura kalkamayacak olsa, o bereketli saatleri uyku ile geçirecek, dolayısıyla manevi hissesi az olacaktır.

Ramazan Ayı Kur'an Ayıdır

Ramazan ayına kıymet veren olaylardan biri de yüce kitabımız Kur'an'ın bu ayda sevgili Peygamberimiz'e [s.a.v] indirilmeye başlanmasıdır. Nitekim Kur'ân-ı Kerîm'de,

"Ramazan ayı, insanlara yol gösterici, doğrunun ve doğruyu eğriden ayırmanın açık delilleri olan Kur'an'ın indirildiği aydır" (Bakara 2/185) buyrulmaktadır. Peygamberimiz [s.a.v] ve ashabı Kur'an'ı en çok bu ayda okurlar; cömertliği en çok bu ayda gösterirler ve ibadeti en çok bu ayda yaparlardı. Hele bu ayın son on gününe ulaşıldığında ise

116 Ahmed b. Hanbel, *el-Müsned,* 3/12; Heysemî, *Mecmau'z-Zevâid,* 3/150.

sevgili Peygamberimiz [s.a.v], zamanının büyük kısmını ibadete ayırırdı.[117]

Hz. Peygamber de [s.a.v] bu mübarek ay dışında bile, *"Kur'ân-ı Kerîm'den bir tek harf okuyana bile sevap verilir. Her iyilik on misliyle kayıtlara geçirilir. Elif lâm mîm bir harftir demiyorum. Aksine elif bir harf, lâm bir harf ve mîm de bir harftir"* [118] buyurarak Kur'an okuyan müminin ne kadar kazançlı olacağını bizlere müjdelemiştir. Oysa ramazan ayında sevaplar onlarca, yüzlerce, binlerce katıyla verilmektedir. Nitekim İmam Zührî ve İbrahim en-Nehâî hazretlerinden nakledilen bir haberde şöyle zikredilmiştir:

"Ramazan ayındaki bir tesbih, diğer aylardaki bin tesbihten, bir oruç da diğer aylardaki bin oruçtan daha üstündür." [119]

İslâm büyükleri, âlimler, veliler, mürşid-i kâmillerden kimileri, ramazan ayında üç gecede hatim yaparlar, kimileri de yedi günde, on günde Kur'ân-ı Kerîm'i baştan sonra okuyup bitirirlerdi. Örneğin (İmâm-ı Âzam hazretlerinin hocasının hocası) İbrahim en-Nehâî hazretleri ramazanın son on günü her gün; ramazanın diğer günlerinde ise üç günde bir hatim yapardı. Katâde hazretleri de [r.a] yıl boyunca her hafta Kur'ân-ı Kerîm'i hatmederdi. Ramazan ayının ilk yirmi gününde ise üç günde bir, son on gününde ise her gün hatim yapardı.

Esved b. Yezid hazretleri ramazan ayında iki gecede bir, diğer günlerde ise altı gecede bir Kur'ân-ı Kerîm'i hatmederdi. [120] İmam Şâfiî hazretleri de namazda okudukları

---

117 Müslim, İtikâf, 7.

118 Tirmizî, Sevâbü'l-Kur'ân, 16.

119 Süyûtî, *ed-Dürrü'l-Mensûr*, 2/228.

120 Ebû Nuaym, *Hilye,* 2/121.

hariç, ramazan ayında toplam altmış kere hatim yapardı. Mâlikî mezhebinin imamı İmam Mâlik hazretleri ise ramazan ayı girdiğinde hadis okumaktan diğer âlimlerle ilmî konuları müzakere etmekten daha çok Kur'ân-ı Kerîm okumakla meşgul olurdu.

Seyyid Muhammed Raşid el-Bilvânisî hazretleri de [k.s] diğer zamanlar günde bir cüz Kur'ân-ı Kerîm okurken, ramazan ayında iki günde bir hatim indirirdi. Ramazan ayında amelini özellikle artırır, gece ve gündüz olmak üzere günde iki defa tesbih namazı kılardı.

Resûl-i Ekrem [s.a.v] bir hadislerinde oruç ayının Kur'an'la geçirilmesinin önemine ve faziletine şu hadisleriyle işaret buyurmuştur:

"Kıyamet günü oruç ve Kur'an kişiye şefaat ederler. Oruç der ki: 'Ey Rabbim! Ben bu kişiyi yemekten içmekten alıkoydum. Bana, onun hakkında şefaat etme yetkisi ver' der. Sonra Kur'an dile gelir ve, 'Ey Rabbim! Ben bu adamı gece uykusuz bıraktım. Geceleri beni okudu. Bana, onun hakkında şefaat etme yetkisi ver' der. Allah Teâlâ her ikisine de şefaat etme yetkisi verir ve onlar da adama şefaatçi olurlar." [121]

Hz. Fâtıma'nın [r. anhâ] bildirdiğine göre, Resûlullah [s.a.v] her sene Cebrâil'e [a.s] Kur'ân-ı Kerîm'i ezbere okurdu. Vefat edeceği sene ise iki kere okumuştur.[122]

İbn Abbas'ın [r.a] rivayet ettiği bir hadis şöyledir: "Resûl-i Ekrem [s.a.v] ile Cebrâil [a.s] Kur'an'ı birbirlerine gece vaktinde okurlardı."[123] Bu hadisten de anlaşılıyor ki, ramazan gecelerinde Kur'an'ı çokça okumak müstehaptır. Zira geceler, artık meşguliyetlerin azaldığı, ibadet etmek için

121 Ahmed b. Hanbel, *el-Müsned,* 2/173; Hatîb et-Tebrîzî, *Mişkât,* nr. 2963.
122 Müslim, Fezâilü's-Sahâbe, 99.
123 Ahmed b. Hanbel, *el-Müsned,* 1/288, 367, 373.

insanî gayretlerin bir araya geldiği, dilin ve kalbin tefekkür etmek için sükûnete erdiği bir vakittir.

Ramazanda Namazları Uzatmak

Resûl-i Ekrem [s.a.v], ramazan ayında namazdaki kıraati çok uzatıyordu. Huzeyfe [r.a], ramazanda bir gece Resûlullah [s.a.v] ile birlikte namaz kılmıştı. O geceyi şöyle anlatıyor: "Resûl-i Ekrem [s.a.v] ilk önce Bakara sûresini, ardından Nisâ sûresini, sonra da Âl-i İmrân sûresini okudu. Cehennem azabından bahseden bir âyet geldiğinde duruyor ve yüce Allah'a yalvarıyordu. Henüz iki rekât namaz bitmemişti ki, Bilâl [r.a] geldi ve sabah namazı için ezan okumaya başladı."[124]

İmam Ahmed b. Hanbel'e [rh.a], Hz. Ömer'in [r.a], ramazanda (teravihlerde) namazı uzun okuyuşlarla kılınması hakkındaki emrine nasıl baktığı sorulduğunda şöyle demiştir: "Bu, insanların geneline ağır gelen bir uygulamadır. Özellikle gecelerin kısa olduğu zamanlarda bu daha da meşakkatli olur. Hz. Ömer'den [r.a] rivayet edilen bu hüküm, namazın uzunluğunu kaldırabilecek insanlar için geçerlidir" cevabını verdi. Ahmed b. Hanbel [rh.a] bazı arkadaşlarına şöyle demiştir: "Bunlar zayıf insanlardır. Bir rekâtta beş, altı veya yedi âyet okuyun." [125]

Kur'ân-ı Kerîm'i Hatmetmek

Kur'ân-ı Kerîm'i başından sonuna kadar okumaya "hatim" denir. Kur'an'ı hatmetmek, Peygamber Efendimiz'in [s.a.v], indirilen âyetleri Cebrâil'e [s.a.v] okumasına dayandırılan bir uygulamadır.

---

124 Ahmed b. Hanbel, *el-Müsned,* 5/400; İbn Hibbân, *es-Sahîh,* nr. 2609; İbn Huzeyme, *Sahîh,* nr. 684.

125 İbn Receb el-Hanbelî, *Letâifü'l-Maârif*, s. 328.

Kur'ân-ı Kerîm'in hakkı verilerek okunması, yapılan hatimdeki sevabı artırır. Ramazan ayında her gün bir cüz Kur'an okunursa, otuz gün içinde bir hatim yapılmış olur. Hatim yapan bir kimse, kendi başına veya aile fertleriyle birlikte hatim duası yapabilir.

Sâdâtlar özellikle ramazan ayında Kur'ân-ı Kerîm'i hatmetmeye çok özen göstermişler, vakitlerinin çoğunu buna ayırmışlardır. Seyyid Muhammed Raşid hazretlerinin [k.s] doktoru anlatıyor:

Seyyid Muhammed Raşid hazretleri [k.s] Ankara'da ikamet ederken sağlık yönünden takip ediyordum. Bazan haftada iki kez şeker kontrolünü yapıyorduk. 1985 yılının Ramazan ayında bir ara şekeri biraz yükselmişti, muhterem evlatlarıyla istişare ettik. Bana, "Şekeri niye yükseldi?" diye sordular. Ben de, "Stresten şekeri yükselebilir, bir sıkıntısı var mı?" diye sorunca, "Yok ama Kur'ân-ı Kerîm'i hatim için mübarek bedenlerine aşırı yükleniyorlar" diye cevap verdiler. Bunun üzerine şerefli huzurlarına çıkarak, "Efendim, hatim için aşırı gayret sarfediyorsunuz, uykusuz kalıyorsunuz, vücut da bundan etkileniyor ve şekeriniz yükseliyor" deyince, "Peki öyleyse, ben bu ana kadar iki günde bir hatim yapıyordum, bundan sonra üç günde bir hatim yaparım" diye cevap verdiler.

Ramazan'da Mukabele

Bir kişinin Kur'ân-ı Kerîm'i ezberden veya yüzünden okuyup diğer kimselerin de onu takip etmesine "mukabele" denir. Cebrâil [a.s], ramazan ayının her günü Peygamber Efendimiz [s.a.v] ile buluşurdu. Ramazan ayı bitinceye kadar indirilen Kur'ân-ı Kerîm âyetlerini Resûlullah [s.a.v]

"Cebrâil'e [a.s] okurdu." [126] Bu yüzden eskiden beri camilerimizde ve evlerimizde mukabeleler yapılmaktadır. Kur'ân-ı Kerîm okumasını bilmeyenlerin okunan mukabelelere katılması, dinlemesi ve hatta okuyanların yanına oturarak Kur'an âyetlerine bakıp takip etmesi bile sevaptır.

Oruç Sıhhate Vesiledir

Orucun, ruh ve beden sağlığı açısından birçok yararının bulunduğunu da unutmamalıyız. Nitekim sevgili Peygamberimiz [s.a.v] bu konuda şöyle buyurmaktadır: *"Oruç tutunuz ki sağlıklı olasınız."* [127]

Oruç hastalıklara karşı koruyucu bir tesir gösterdiği gibi, bir tedavi aracıdır da. Ramazan ayının gelmesiyle birlikte tutulan orucun, manevi yönünün yanında sağlık açısından da pek çok faydası bulunuyor. Tuttuğumuz oruçlar ile bedenimizin beslenmesi belli bir düzene giriyor. Doktorlar, ramazan ayının gelmesiyle beraber yenilen yemeğin miktarının azalmasının, karaciğer, bağırsak ve obezite gibi pek çok hastalık üzerinde olumlu etkisi olduğunu ifade ediyorlar.

Resûl-i Ekrem [s.a.v], *"Her şeyin bir zekâtı vardır. Bedenin zekâtı da oruçtur"* buyurarak, orucun bedeni, hem maddi hem de manevi yönden temizlediğine işaret buyurmuşlardır. Bir yıl boyunca, her türlü yiyecek ve içecekten, hulasa canının çektiği çekmediği her şeyden istifade eden bedenin elbette, temizlenmeye ve dinlenmeye ihtiyacı vardır. Aynen toprak gibi. Nasıl ki üst üste ekilen toprak, daha verimli olması için dinlendirilmeye bırakılırsa, bedenin de dinlenmeye ihtiyacı vardır. Oruç vesilesiyle, sene boyunca yorulan mide ve karaciğer gibi organlar dinlenme fırsatı bulurlar.

---

126 Buhârî, Savm, 7; Nesâî, Sıyâm, 2.

127 Ahmed b. Hanbel, *el-Müsned*, 2/280.

Teravih Namazı

Teravih Namazı Ne Zaman Kılınmaya Başlandı?

Teravih kelimesi, "rahat etmek ve ettirmek" anlamına gelir. Ramazan ayında kılınan özel bir namaza ad olmuştur. Yirmi rekâttır. Sevgili Peygamberimiz [s.a.v] şöyle buyuruyor:

"Allah Teâlâ, ramazan ayında oruç tutmayı size farz kıldı. Ben de size teravih namazını kılmayı sünnet kıldım. Kim bu ayda inanarak ve sevabını Allah'tan umarak oruç tutar ve namazını kılarsa anasından doğduğu günkü gibi günahlarından arınmış olur." [128]

Bir ramazan gecesi Peygamberimiz [s.a.v], Mescid-i Nebî'ye geldi. Namaz kılmaya başladı. Onu gören sahâbe-i kirâm da arkasında namaz kılmaya başladılar. Ertesi gün sahabiler, Resûlulllah'ın [s.a.v] mescide geldiğini ve namaz kıldırdığını aralarında konuşunca, ilk gününden daha çok kişi mescidde toplandı. Üçüncü gün ise sayı daha da arttı. Dördüncü gün artık mescid gelenleri alamayacak kadar doldu. Hal böyle olunca, Peygamber Efendimiz [s.a.v] teravih namazını kılmak için mescide gitmedi. Sadece sabah namazı vakti hane-i saadetten çıktı. Mescide geldi. Sabah namazını bitirince de insanlara şöyle hitap etti:

"(Benimle birlikte) Teravih namazı kılmak için gösterdiğiniz gayretin farkındayım. Ancak bu namaz, benimle birlikte bu şekilde kılınmaya devam ederse, ümmetime farz kılınabilir diye düşündüm. Çünkü bunu yapmak size zor gelirdi." [129]

Peygamberimiz'in [s.a.v] vefatından sonra Hz. Ömer'in [r.a] halifeliği sırasında artık kimi insanlar, teravih namaz-

128 Buhârî, İmân, 28; Müslim, Sıyâm, 203.

129 Kâmil Miras, *Tecrid-i Sarih Tercemesi,* 4/72.

larını mescidde tek başlarına, kimileri de beş, on kişilik gruplar halinde kılmaya devam ediyorlardı. Hz. Ömer [r.a] işte böylesi bir ramazan gecesi mescidde, "Cemaati tek bir imamın arkasında toplasam hayırlı bir iş yapmış olacağım" dedi. Düşüncesini insanlarla paylaştı, sahabenin ileri gelenleriyle de istişare etti. Neticede cemaatin, bir imamın arkasında ve yatsı namazının hemen ardından teravih namazını kılmalarını sağladı. Bu uygulama başlayınca Hz. Ömer [r.a] şöyle buyurdu: "Bu çok güzel oldu. Ancak biraz daha ilerleyen saatlerde kılmak daha güzel olacaktır." [130] Teravih namazlarının hatim ile kılınması da Hz. Ömer [r.a] zamanına dayanır.

Teravih Namazının Kılınışı

İki Rekâtta Bir Selâm Verilerek Teravih Namazının Kılınışı

Yatsı namazının farzı ve son sünneti kılındıktan sonra vitir namazını kılmadan teravih namazına başlarız. Aynen sabah namazının farzının cemaatle kılınışı gibi kılarız; ancak niyet farklıdır. İmam, "Niyet ettim Allah rızası için teravih namazını kılmaya, bana uyanlara imam oldum" diyerek niyet eder. Cemaat de, "Niyet ettim Allah rızası için teravih namazını kılmaya, uydum imama" diye niyet eder. Her selâmdan sonra niyet yenilenir.

Tek başına teravih namazı kılarken, "Niyet ettim Allah rızası için teravih namazını kılmaya" diyerek niyet edilir ve aynen sabah namazının iki rekât sünneti gibi kılınır.

130 Kâmil Miras, *Tecrid-i Sarih Tercemesi*, 4/75.

Dört Rekâtta Bir Selâm Verilerek Teravih Namazının Cemaatle Kılınışı

İkindi namazının sünneti gibi kılınır. İmam, "Niyet ettim Allah rızası için teravih namazını kılmaya, bana uyanlara imam oldum" diyerek niyet eder. Cemaat de, "Niyet ettim Allah rızası için teravih namazını kılmaya, uydum imama" diye niyet eder. İki rekât tamamlandıktan sonra imam ve cemaat "Tahiyyat, Allahümme salli ve Allahümme bârik" dualarını okur, üçüncü rekâta kalkarlar.

Üçüncü rekâtın başında hem imam hem de cemaat sessizce Sübhâneke duasını okur. Sonra imam ve cemaat içinden eûzü besmele çeker. Cemaat susar. İmam açıktan Fâtiha ile bir sûre okur. Sonra rükû ve secdeleri yaparak dördüncü rekâta kalkarlar. Namaz dört rekâta tamamlanır. Selâm verilir. Yirmi rekât böylece kılınır. Teravih namazı bittikten sonra cemaatle vitir namazı kılınır.

Dört Rekâtta Bir Selâm Verilerek Teravihin Tek Başına Kılınışı

"Niyet ettim Allah rızası için teravih namazını kılmaya" diye niyet edilir ve aynen ikindi namazının sünneti gibi kılınır. Aradaki fark sadece niyetin değişik olmasıdır. Böylece dörder rekât kılınarak yirmi rekât tamamlanır. Sonra da vitir namazı kılınır.

Teravih Namazı ile İlgili Dikkat Edilmesi Gereken Konular

1. Teravih namazı, yirmi rekâttır.

2. İkişer rekât halinde kılmak daha faziletlidir.

3. Yatsı namazından sonra kılınır.

4. Cemaat halinde veya tek başına da kılınabilir.

5. Teravih namazı cemaatle kılınırken vitir namazı da cemaatle kılınır.

6. Teravih namazı "hatim" ile kılınabilir.

7. Teravih namazını insanlara ağır gelmeyecek şekilde kıldırmak zamanımızda daha faziletlidir.

8. Ancak çok acele ile kılmak, namazın bir an önce bitirilmesi için harfler belli olmayacak şekilde hızlı okumak doğru değildir.

9. Vaktinde kılınmayan teravih namazı daha sonra kazâ edilmez.

10. Yirmi rekât halinde tek selâmla kılmak mekruhtur.

Ramazanın Son On Günü ve İtikâf

Hz. Âişe [r. anhâ], Resûlullah'ın [s.a.v] ramazan ayının son on gününü nasıl geçirdiğini şöyle anlatmıştır: "Hz. Peygamber ramazanın son on günü girdiğinde gecesini ibadetle geçirirdi, ailesini de uyarırdı, ibadet için diğer zamanlardan daha fazla gayret gösterirdi." [131]

İtikâf, cemaatle namaz kılınan bir mescidde, oruçlu olarak ve itikâfa niyet ederek bulunmak demektir. Buna göre itikâf, "Allahım beni bağışlamadıkça huzurundan ayrılmayacağım" demek olur. Bu şekilde itikâf yapmak, Peygamberimiz'in [s.a.v] yaptığı bir uygulama olup Hanefîler'e göre sünnet-i kifâyedir. Yani bir yerleşim yerindeki cemaat içinde bir kişinin yapmasıyla diğerleri sorumluluktan kurtulmuş olur. Bununla beraber durumu müsait olan daha çok sayıda kişinin de itikâfa girmesi çok faziletli bir davranış olur. İtikâf Şâfiîler'e göre sünnettir.

131 Müslim, İ'tikâf, 7.

Hz. Âişe [r.anhâ] demiştir ki: "Resûlullah [s.a.v] ömrünün sonuna kadar bütün ramazanların son on gününü itikâfta geçirmiştir." [132]

İtikâfın Amacı Nedir?

İtikâfın amacı, Allah Teâlâ'ya yakınlaşabilmek için dış dünyadan sıyrılmak, kalbi dünyevî meşguliyetlerden uzaklaştırmaktır. O'nun keremine dayanmak ve rahmetine yakınlaşmaktır. İtikâf yapan kişi, mescidde geçireceği bütün zamanını ibadete ayırmış demektir.

Resûlullah Efendimiz [s.a.v], ramazanda itikâfa girmenin sevabı hakkında bizlere şöyle buyurmuştur:

مَنْ اِعْتَكَفَ عَشْرًا فِى رَمَضَانَ كَانَ كَحَجَّتَيْنِ وَ عُمْرَتَيْنِ

"Ramazan ayında on gün itikâfa giren kişi, iki hac ve iki umre sevabı kazanır." [133]

Ramazan ayında itikâfa girebilmek için müslüman olmak, ergenlik çağına erişmiş bulunmak, akıllı olmak, (erkekler için) bir mescidde (kadınlar için bir evde) bulunmak, niyet etmek, oruçlu olma ve cünüp bulunmamak gerekir.

İtikâfın en az süresi fıkıh âlimlerine göre, herhangi bir zaman dilimi içinde geçen az veya çok süre demektir. Mescidde niyet ederek kısa bir süre oturmak da itikâf sayılır.

Nebî [s.a.v] bir diğer hadislerinde de şöyle buyurmuşlardır:

مَنْ اعْتَكَفَ يَوْمًا اِبْتِغَاءَ وَجْهِ اللّٰهِ جَعَلَ اللّٰهُ بَيْنَهُ
وَبَيْنَ النَّارِ ثَلَاثَ خَنَادِقَ كُلُّ خَنْدَقٍ أَبْعَدُ مَا بَيْنَ الْخَافِقَيْنِ

132 Müslim, İ'tikâf, 3.
133 Beyhakî, *Şuabü'l-İmân,* nr: 3966; Münzirî, *et-Tergîb ve't-Terhîb,* nr. 1608.

"Sırf Allah rızası niyetiyle bir gün itikâfa giren kişi için Allah Teâlâ, cehennem ile arasına üç hendek mesafe koyar. Her bir hendeğin uzunluğu doğu ile batı arasındaki kadar mesafedir." [134]

İtikâfın Âdâbı Nedir?

İtikâf süresince hayır konuşmak ve günah sayılacak işlerden kendini tutmak gerekir. İtikâfta olduğu müddetçe kişi, Kur'ân-ı Kerîm, hadis-i şerif veya dinî kitapları okuyabilir. Salât ve selâm getirebilir. Zikir yapabilir, tefekkür edebilir. Allah dostlarının hayatlarından, kendi hayatı için örnekler araştırabilir. Bütün bunları yaparken, temizliğine özen gösterir. Din bakımından özür kabul edilmeyen bir husus için mescidden dışarı çıkmaz. Ancak abdest ihtiyaçlarını gidermek, gusül abdesti almak bir özür kabul edilir. Herhangi bir meşru özrü olmadan mescidden dışarı çıkarsa itikâfı bozulur. Mesela, hasta ziyaretinde bulunmak, cenazeye katılmak, alışveriş yapmak gibi ...

Kadınlar, itikâf ibadetlerini evlerinde namaz kılmak için ayırdıkları bir yerde yaparlar. Erkekler için mescidde geçerli olan bütün uygulama, kadınlar için de evlerinde geçerlidir. [135]

Kadir Gecesi

Zaman ve mekânlar, kendilerinde meydana gelen önemli olaylarla değer kazanırlar. Kadir gecesini bu derece değerli kılan en önemli özellik de Kur'ân-ı Kerîm'in bu gece indirilmeye başlanmış olmasıdır. Kur'an'ı Kerîm'in

---

134 Hâkim, *el-Müstedrek,* 4/270; Beyhakî, *Şuabü'l-Îmân,* nr. 3965.
135 İbrahim Tozlu, *Onbir Ayın Sultanı*, s. 60-61.

nüzûlü ve Peygamberimiz'in [s.a.v] insanlığa son peygamber olarak gönderilmesi, dünya tarihinin en önemli hadisesidir. Kur'ân-ı Kerîm'de bu gece hakkında şöyle buyrulmaktadır:

إِنَّا أَنْزَلْنَاهُ فِي لَيْلَةِ الْقَدْرِ ﴿١﴾ وَمَا أَدْرَاكَ مَا لَيْلَةُ الْقَدْرِ ﴿٢﴾
لَيْلَةُ الْقَدْرِ خَيْرٌ مِنْ أَلْفِ شَهْرٍ ﴿٣﴾ تَنَزَّلُ الْمَلَائِكَةُ وَالرُّوحُ
فِيهَا بِإِذْنِ رَبِّهِمْ مِنْ كُلِّ أَمْرٍ ﴿٤﴾ سَلَامٌ هِيَ حَتَّى مَطْلَعِ الْفَجْرِ

"Şüphesiz, biz onu (Kur'an'ı) Kadir gecesinde indirdik. Kadir gecesinin ne olduğunu bilir misin? Kadir gecesi bin aydan daha hayırlıdır. Melekler ve Ruh (Cebrâil) o gecede, Rab'lerinin izniyle her türlü iş için iner de iner. O gece, tan yerinin ağarmasına kadar bir esenliktir" (Kadr 97/1-5).

Enes b. Mâlik [r.a] Resûlullah'ın [s.a.v] şöyle buyurduğunu rivayet eder:

"Kadir gecesi olunca, Cebrâil [a.s] meleklerden bir cemaat ile iner; ayakta ibadet eden (namaz kılan) veya oturarak Allah'ı zikreden her kula dua eder ve selâm verirler." [136]

Kadir Gecesinin Fazileti

Hz. Peygamber [s.a.v] şöyle buyurmuştur:

"Kim bütün ramazan ayı boyunca akşam ve yatsı namazını (ve teravihi) cemaatle kılarsa, muhakkak Kadir gecesine rast gelir ve o gecenin bereketinden büyük pay sahibi olur." [137]

---

136 Beyhakî, *Şuabü'l-Îmân*, nr. 3695.
137 Beyhakî, *Şuabü'l-Îmân*, nr. 3707.

Bir başka rivayette de şöyle buyrulmuştur:

مَنْ قَامَ لَيْلَةَ الْقَدْرِ إِيمَانًا واحْتِسَابًا غُفِرَ لَهُ مَا تَقَدَّمَ مِنْ ذَنْبِهِ

"Kim, inanarak ve sevabını Allah'tan bekleyerek Kadir gecesini ibadetle ihya ederse, geçmiş günahları affedilir." [138]

İbn Abbas [r.a] şöyle rivayet etmektedir:

Resûlullah'a [s.a.v], İsrâiloğulları içinde bin sene yaşamış, ömrü boyunca omzunda silahı, Allah yolunda savaşmış birini anlattılar. Bu durum Resûlullah'ın [s.a.v] hoşuna gitti ve aynı fazilete ümmetinin de mazhar olması için şöyle yakardı:

– *Ey Rabbim! Sen ümmetimi, ömrü en kısa ve ameli en az olan ümmet olarak yarattın!*

Bunun üzerine Allah [c.c] kendisine ve kendisinden sonra kıyamet gününe kadar gelecek olan ümmetine, Allah yolunda, ömrü boyunca omzunda silah, cihad eden kişinin ecrinden daha büyük, bin aydan hayırlı olan Kadir gecesini ikram etti. Kadir gecesi bu ümmetin sahip olduğu faziletlerden biridir.

İsrâiloğulları içinde yaşamış olan bu kişinin isminin Şem'ûn olduğu söylenir. Allah yolunda atının palanı kurumadan bin ay düşmanlarla savaşmış, Allah Teâlâ'nın kendisine lutfettiği kuvvet ve cesaret ile kâfirleri dize getirmişti.

Düşmanları artık onunla başa çıkamayacaklarını anlamışlardı. Bu yüzden hanımına bir adam gönderdiler. Eğer kocasını bağlayıp bir eve hapseder ve kendisinden kurtulmalarını sağlarsa, kadına bir tas dolusu altın vereceklerini söylediler.

Kadın, kocası uyurken onu iplerle iyice bağladı. Uyanınca hemen ipleri kopardı ve karısına bunu neden yaptığını sordu. Kadın,

138 Buhârî, Terâvih, 1; Müslim, Müsâfirîn, 174.

- Senin kuvvetini denemek için, diye cevap verdi. Kadın durumu düşmanlara haber verince, kocasını bağlaması için kendisine zincir gönderdiler. Fakat adam uyanınca daha önce ipi kopardığı gibi zinciri de kopardı.

Bunun üzerine İblîs geldi ve kâfirlere şöyle fikir verdi: "Kadını kocasına gönderin ve hangi şeyi koparıp çözemeyeceğini sormasını söyleyin!" Onlar da denileni yaptılar. Kadının, neyi koparmaya güç yetiremeyeceği sorusuna kocası, "Saç örgüleri!" diye cevap verdi. Adamın arkasında yerlere kadar uzanan sekiz saç örgüsü vardı. Uykuya dalınca karısı saç örgülerinin dördü ile ellerini, diğer dördü ile de ayaklarını bağladı.

Durumu kâfirlere bildirdi. Geldiler ve onu öldürecekleri eve götürdüler. Bu sırada bağlanmış olan adam, Allah Teâlâ'ya yalvararak kendisini bağlarından kurtaracak bir güç vermesini, evin direklerini yerinden oynatmak suretiyle evin kâfirlerin başına yıkılmasını ve hepsinin helâk olmasını niyaz etti. Allah Teâlâ kendisine bağlarını koparacak gücü verdi; bağlarından kurtuldu, evi ayakta tutan direği yerinden oynattı. Ev orada bulunanların üzerine çöktü ve Cenâb-ı Hak onların hepsini helâk etti. Böylece kâfirlerden kurtulmuş oldu.

Sahâbe-i kirâm bu adamın hikâyesini dinleyince dediler ki:

- Ey Allah'ın Resûlü [s.a.v]! Bizler de onun kazandığı sevabı elde edebilir miyiz?

Resûl-i Ekrem [s.a.v] bunun için Rabb'ine niyazda bulundu. Bunun üzerine Cenâb-ı Hak kendisine yukarıda belirtildiği gibi Kadir gecesini ihsan etti.[139]

---

139 bk. İbn Kesîr, *Tefsîru Kur'âni'l-Azîm*, 4/564.

İbn Abbas [r.a] Kadir gecesinde meydana gelen bazı hadiselerden bahsetmektedir: "Kadir gecesi olduğu zaman Allah Teâlâ Cebrâil'e [a.s] yeryüzüne inmesini emreder. O da bir grup melekle beraber yeryüzüne iner. Melekler beraberinde getirdikleri yeşil sancağı Kâbe'nin üzerine dikerler. Bu sancağın bin kanadı vardır. Bunlar içinde iki kanadı vardır ki, açıldıkları takdirde doğu ile batı arasını kaplarlar. Nihayet bu iki kanat da açılır. Cebrâil [a.s] ve diğer melekler bu geceyi ihya edenlere, namaz kılanlara, dua edenlere selâm verirler. Onlarla musafahalaşırlar. Dualarına, 'âmin, âmin' diye katılırlar. Bu durum şafak sökene kadar devam eder. Güneş doğduğunda Cebrâil [a.s] diğer meleklere,

- Haydi! Yolculuk vakti, diye seslenir. Melekler,

- Ey Cebrâil! Allah Teâlâ ümmet-i Muhammed'in ihtiyaçları noktasında ne yaptı? Onlara nasıl muamelede bulundu, diye sorarlar. Cebrâil [a.s] şöyle cevap verir:

- Allah Azze ve Celle onlara rahmet nazarıyla baktı. Şu dört zümre hariç hepsinin affetti ve günahlarını bağışladı:

1. İçki içmeye devam edenler.

2. Anne babasına isyan edenler.

3. Akrabalarıyla bağlarını koparanlar.

4. Kin güdüp düşmanlık besleyenler." [140]

Kadir Gecesi Melekler Neden Yeryüzüne İnerler?

Bazı âlimler, Kadir gecesinde meleklerin dünyaya inişinin sebebini şöyle açıklamışlardır: "Hükümdarlar, beyler, efendiler yanlarına birileri geleceği zaman mutlaka odalarını en güzel döşeklerle, eşyalarla, minderlerle süslerler. Yanlarında çalışanlara, kendisine hizmet edenlere de en güzel elbiseleri ve teçhizatları giydirirler. Kadir gecesi ol-

140 Beyhakî, *Şuabü'l-İmân,* nr. 3695.

duğunda da Allah Tebâreke ve Teâlâ, meleklerine yeryüzüne inmelerini emreder. Çünkü kulları, ramazan gecelerinde ve özellikle de Kadir gecesinde ibadet ederek nefislerini süslemişler, mescidlerini çıralar ve kandillerle aydınlatarak ibadetle geçirmişlerdir. Sonra Allah Teâlâ meleklerine şöyle buyurur:

- Siz Âdemoğlu hakkında, *'Yeryüzünde fesat çıkaracak, orada kan dökecek insanı mı halife kılıyorsun?'* (Bakara 2/30) demiştiniz. Ben de size, *'Ben sizin bilmediğiniz şeyleri bilirim'* (Bakara 2/30) demiştim. Şimdi gidin ve bakın kullarıma; Kadir gecesini nasıl ibadet ederek ihya ediyorlar. Böylelikle benim ilmimde, bilmediklerinizi daha iyi anlamış olursunuz." [141]

O Gece Fecre Kadar Esenliktir

Bu gece, insanlarda hastalıkların oluşmadığı, şeytanların amellere müdahale edemediği, eziyet veremediği, azgın cinlerin ve ifritlerin bağlandığı, sihirbazların, büyücülerin sihirlerinin tesir etmediği bir gecedir. Bu gece esenlik ve selâmet gecesidir. Kadir gecesinde semanın bütün kapıları açılır ve Allah Azze ve Celle, tövbe edenlerin tövbelerini kabul buyurur. Bu sebeple Allah [c.c], *"O gece, tan yerinin ağarmasına kadar bir esenliktir"* (Kadr 97/5) buyurmuştur.

Kadir Gecesi Hangi Gecedir?

Hz. Âişe [r. anhâ] demiştir ki: *"Resûlullah [s.a.v], ramazanın son on gününde itikâf edeceği yere çekilir ve Kadir gecesini ramazanın son on gününde araştırın"* derdi. [142]

Bu itibarla salihler, ramazan ayının son on gecesine girildiğinde, her gece Kadir gecesi olabilir diye, "Kadir gece-

141 İbn Receb el-Hanbelî, *Letâifü'l-Maârif,* s. 368.
142 Müslim, Sıyâm, 40; İbn Mâce, Sıyâm, 56.

sini ihya etmek" niyetiyle iki rekât namaz kılmışlardır. Yine büyükler, bu son on günde, olur ki, Kadir gecesidir de farkedemeyiz diye, her gece Kur'an okumuşlardır. [143]

Ubâde b. Sâmit [r.a] anlatıyor: Allah Resûlü [s.a.v] şöyle buyurdu: *"Kadir gecesini, son on günde ve tek gecelerde arayın; yirmi bir, yirmi üç, yirmi beş, yirmi yedi, yirmi dokuzuncu gecelerde yahut son gecede arayın! Kim o geceyi iman ederek, karşılığını da ancak Allah'tan bekleyerek ihya eder, sonra (o gecenin manasına) uygun davranırsa, bütün geçmiş ve gelecek günahları bağışlanır."* [144]

Müteahhir bazı âlimler Kadir gecesinin, Ramazan'ın 27. gecesi olduğunu şu iki delille ispatlamaya çalışmışlardır:

1. Kadr sûresinde "لَيْلَةُ الْقَدْرِ" kelimesi üç defa geçmektedir. "لَيْلَةُ الْقَدْرِ" kelimesindeki harf sayısı ise dokuzdur. Üç ile dokuz çarpıldığında yirmi yedi etmekte ve böylece gecenin tesbiti mümkün olmaktadır.

2. Allah Teâlâ " سَلاَمٌ هِيَ " "O gece esenliktir..." buyuruyor. Burada geceye işaret eden "هِيَ" zamiri sûrenin 27. kelimesidir. Bu da, Kadir gecesinin 27. gecede olabileceğine dair bir işarettir.

Kadir gecesinin alametleri ile ilgili selef-i salihin ve daha sonradan yaşamış salih insanlardan birçok rivayet vardır. O gecenin özelliklerinden biri, bu gecede yapılan duaların reddedilmemesidir.

İbn Receb el-Hanbelî [rh.a], Kadir gecesi olma ihtimalinin yüksek olduğu gecelerde gusletmenin, güzel elbiseler giyinerek süslenmenin, hoş kokular sürünmenin müstehap olduğunu söylemiş, buna sünnet-i seniyyeden deliller getir-

143 İsmâil Hakkı Bursevî, *Rûhu'l-Beyân,* 10/581.
144 Ahmed b. Hanbel, *el-Müsned*, 5/318, 321, 324.

miştir. Nitekim Abdullah b. Ömer de [r.a] bu hususa işaretle, "Elbette Allah, kendisi için süslenilmeye en layık olandır" [145] buyurmuştur.

Şu da var ki, dış temizlik ve güzellik ancak iç temizlik ile tamam olur. İç temizlik ise, kişinin günahlarından tövbe ederek Allah'a yönelmesiyle, kalbini günah kirlerinden arındırmasıyla mümkün olur. Kişinin dışı güzel olur ama içi harap olursa, bu güzellik ona hiçbir fayda vermez. Allah [c.c] bizlere şu uyarıda bulunuyor: *"Ey âdemoğulları! Size ayıp yerlerinizi örtecek giysi, süslenecek elbise yarattık. Takva elbisesi ... İşte o daha hayırlıdır"* (A'râf 7/26).

Resûl-i Ekrem [s.a.v] bir hadis-i şeriflerinde, Kadir gecesinin belirtileri hakkında şöyle buyurmuştur:

"Kadir gecesi sakin ve aydınlık bir gecedir, sıcak değildir, soğuk da değildir. Gecenin sabahında güneş etrafa ışık hüzmesi yaymadan doğar."[146]

İbn Abbas'ın [r.a] rivayet ettiğine göre, adamın biri Resûlullah'ın [s.a.v] yanına geldi ve şöyle dedi:

- Yâ Resûlallah [s.a.v]! Ben yaşlı ve hasta biriyim. Çok ibadet etmek için uzun süre ayakta durmak bana meşakkatli geliyor, yapamıyorum. Bana öyle bir gecede ibadet etmemi söyle ki, Allah'ın izniyle Kadir gecesine tevafuk edeyim.

Resûlullah [s.a.v] adama şöyle dedi:

- *O zaman Ramazan'ın 27. gecesi ibadet et.* [147]

Bir başka rivayet ise şöyledir: *"Gökyüzünün açık, temiz ve sakin olması Kadir gecesinin alametlerindendir. Hava ne*

145 Abdürrezzâk, *el-Musannef,* nr. 1390.

146 Beyhakî, *Şuabü'l-İmân*, nr. 3693-3694.

147 Ahmed b. Hanbel, *el-Müsned*, 1/240; Taberânî, *el-Mu'cemü'l-Kebîr*, 10/311; Ebû Nuaym, *Hilyetü'l-Evliyâ*, 9/230; Beyhakî, *Şuabü'l-İmân*, nr. 3688.

soğuktur ne de sıcak. Sanki gökyüzünde ay vardır. Güneş, o gecenin sabahında, ışıklarını etrafa dağıtmadan (insanın gözünü almadan) doğar." [148]

O gece yeryüzüne inen meleklerden dolayı âlemde bir huzur, sükûnet, nur, feyiz ve tat vardır.

Kadir Gecesinin Gizli Olmasının Sebebi

Allah Teâlâ birtakım hikmetlere dayanarak Kadir gecesini ve onun dışında daha bazı şeyleri de gizli tutmuştur. Bunlar, cuma günü içerisinde duanın kabul olacağı saat; ilâhî isimler içerisinde ism-i azam; bütün taatler ve ibadetler içerisinde rıza-yı ilâhî; zaman içerisinde kıyamet ve hayat içerisinde ölümdür. Bunların gizli tutulmasından maksat müminlerin uyanık, dikkatli ve devamlı Allah'a ibadet ve taat içerisinde olmalarını sağlamaktır.

Saîd b. Müseyyeb [r.a] şöyle demiştir: "Her kim Kadir gecesinde en azından akşam ve yatsı namazlarını cemaatle eda ederse, Kadir gecesinden nasibini almış olur."

Bu itibarla, Kadir gecesini, bizi Rabbimiz'e yaklaştıracak, O'nu razı edecek ve günahlarımızın affına sebep olacak amellerle geçirmeliyiz. Şu unutulmaladır ki, mümin için dua dahi ibadettir. Bunun için Resûlullah [s.a.v],

أُدْعُوا اللّٰهَ وَأَنْتُمْ مُوقِنُونَ بِالْإِجَابَةِ وَاعْلَمُوا أَنَّ اللّٰهَ

لَا يَسْتَجِيبُ دُعَاءً مِنْ قَلْبٍ غَافِلٍ لَاهٍ

"Dua ettiğiniz zaman, kabul edileceğine kesin olarak inanarak Allah'a dua ediniz ve biliniz ki, Allah gafil ve (ihlâstan) boş bir kalple yapılan dualara icabet etmez." [149]

---

148 Beyhakî, *Şuabü'l-Îmân,* nr. 3693.

149 Tirmizî, Daavât, 66.

Bir başka hadiste,

"Dua ibadetin özüdür[150] buyrulmuştur.

Yüce Allah ancak ihlâsla yapılan duaları kabul eder. Kişinin duasına verilecek en az karşılık, bu duanın on katından yedi yüz katına kadar sevap verilmesidir. Duanın en üstün tarafı ve en kıymetli yanı ise, Allah Teâlâ'nın ahirette, dua eden kişiye, aklına gelmeyecek ve dünyanın tamamından daha hayırlı şeyler ihsan etmesidir. Bu sebeple, mübarek geceler ve özellikle bin aydan hayırlı olan bu Kadir gecesi bir ganimet bilinerek dua ve ibadetle geçirilmelidir.

Kadir Gecesi Duası

Hz. Âişe [r.anhâ] şöyle demiştir: Hz. Peygamber'e [s.a.v], "Yâ Resûlallah! Eğer Kadir gecesine rastlarsam, nasıl dua edeyim?" diye sordum. Peygamber Efendimiz [s.a.v] şöyle buyurdu:

اَللّٰهُمَّ اِنَّكَ عَفُوٌّ تُحِبُّ الْعَفْوَ فَاعْفُ عَنّى

"Allahümme inneke afüvvün tuhibbü'l-afve fa'fü annî = Allahım! Sen affedicisin, bağışlamayı seversin; beni affet."

Velilerden Ebû Osman Saîd [rh.a] devamlı şöyle dua edermiş:

عَفْوَكَ يَا عَفُوُّ فِى الْمَحْيَا عَفْوَكَ وَفِى الْمَمَاتِ عَفْوَكَ
وَفِى الْقُبُورِ عَفْوَكَ وَفِى النُّشُورِ عَفْوَكَ وَعِنْدَ تَطَايُرِ
الصُّحُفِ عَفْوَكَ وَفِى الْقِيَامَةِ عَفْوَكَ وَفِى مُنَاقَشَةِ
الْحِسَابِ عَفْوَكَ وَعِنْدَ مَمَرِّ الصِّرَاطِ عَفْوَكَ وَعِنْدَ الْمِيزَانِ
عَفْوَكَ وَفِى جَمِيعِ الْأَحْوَالِ عَفْوَكَ يَا عَفُوُّ عَفْوَكَ

150 Tirmizî, Daavât, 1; İbn Hibbân, *es-Sahîh,* nr. 790; Hâkim, *el-Müstedrek,* 1/491.

"Ey affedici olan Allahım, senin affını istiyorum. Hayatımda affını, ölümümde affını, kabirde affını, dirilme esnasında affını, amel defterlerinin havada uçuştuğu anda affını, kıyamet günü affını, sorgu-hesap zamanı affını, sırat köprüsünden geçerken affını, amel terazisinde affını, her durumda affını istiyorum. Ey affedici olan Rabbim, affını istiyorum."

Ebû Amr el-Hîrî [rh.a] diyor ki: Ebû Osman vefat ettikten birkaç gün sonra salihler tarafından rüyada görüldü. Dünyada yaptığın amellerden hangisinden en çok fayda gördün diye soruldu. O da, "Senin affını istiyorum, affını istiyorum" sözü, diye cevap verdi. [151]

Cüveybir [rh.a] anlatıyor: "Dahhâk'a,

- Kadir gecesinde, nifas, hayızlı, yolcu ve bir mazeret sebebiyle uyuyan kimselerin de nasibi olur mu, diye sordum. Dedi ki:

- Allah Teâlâ bir kimsenin amellerini kabul ettiyse, Kadir gecesi mutlaka onun karşılığını verir." [152]

Fıtır Sadakası

Sadaka kavramının aslı, "doğruluk, doğru söz söylemek, doğrulamak" anlamına gelen "sıdk"tır. Müslümanın Allah'ın emrine uymada gösterdiği doğruluğu (sadakati) ifade ettiği için "sadaka" denmiştir. Sadaka bir açıdan Allah'a sadakatle bağlı olmayı ifade eder.

Sadaka, en geniş anlamıyla; Allah rızası için yapılan her iyilik, verilen ve harcanan her şeydir. Birçok vâcip ve nâfile ibadeti, yardımı ve iyiliği içerisine almaktadır. Nitekim mü-

151 Beyhakî, *Şuabü'l-İmân*, nr. 3703.

152 İbn Receb el-Hanbelî, *Letâifü'l-Maârif*, s. 369.

minin zekât vermesi sadaka olduğu gibi, müslüman kardeşinin yüzüne gülümsemesi bile bir sadakadır.

Sadaka-i fıtır (fıtır sadakası) ramazan ayının sonuna yetişen ve aslî ihtiyaçlarından başka en az nisap miktarı (zenginliğe ulaşma sınırı) mala sahip bulunan her müslümanın vermesi gereken vâcip bir sadakadır. Fitre, orucun kabulüne, ölüm sekeratından ve kabir azabından kurtuluşa bir vesiledir. Fıtır sadakası, insan fıtratındaki yardımlaşma ve dayanışmanın bir gereği olarak insan varlığının zekâtı kabul edilmiştir. Bu nedenle fıtır sadakasına, "can sadakası" veya "beden sadakası" da denilmiştir. Yoksulların ihtiyaçlarını gidermeye, bayram gününün neşesinden onların da istifade etmelerine bir yardımdır. Bu cihetle fitre, insanî bir hayır ve medenî bir vazifedir.

İbn Abbas [r.a] şöyle anlatır: "Resulullah [s.a.v], oruçlunun boş, çirkin ve ölçüsüz sözlerden temizlenmesi ve fakirlere bir azık olması için fıtır sadakasını emretti. Kim bunu bayram namazından önce öderse, o makbul bir sadaka olur. Kim de bayram namazından sonra verirse, o başka vakitlerde verilen sadakalardan biri olur."[153] Bu itibarla fıtır sadakasının en geç bayram namazından önce verilmesi gerekir.

Enes b. Mâlik'in [r.a] rivayetine göre Nebî [s.a.v] fıtır sadakasının önemine bir hadislerinde şöyle işaret etmişlerdir:

صِيَامُ الرَّجُلِ مُعَلَّقٌ بَيْنَ السَّمَاءِ وَالْأَرْضِ حَتَّى
يُعْطِيَ صَدَقَةَ الْفِطْرِ

"Kişi, fıtır sadakasını verene kadar ramazanda tuttuğu oruç yeryüzü ile gökyüzü arasında asılı halde durur." [154]

153 İbn Mâce, Zekât, 21.

154 Deylemî, *Müsnedü'l-Firdevs*, nr. 3754.

Ömer b. Abdülaziz [rh.a] valilerine gönderdiği mektuplarında, insanlara ramazan ayını istiğfar ederek ve sadaka-i fıtır vererek tamamlamalarını emrederdi. Çünkü fıtır sadakası, insanın oruçluyken yaptığı hatalara ve boş konuşmalara karşı bir kefârettir. İstiğfar da öyle ... Bu sebeple bazı âlimler, fıtır sadakasını, namazdaki sehiv secdesine benzetmiştir. Nasıl ki sehiv secdesi namazda yapılan hatalar için onarıcı konumda ise fıtır sadakası da ramazan ayında işlenen hata ve günahlar için onarıcıdır.

D) DİĞER MÜBAREK AYLAR GÜNLER ve GECELER

1. ŞEVVAL AYI

Kamerî takvimde ramazan ayından sonraki ay şevval ayıdır. Şevval ayında altı gün oruç tutmak müstehaptır. Resûlullah [s.a.v] bir hadis-i şeriflerinde,

"Kim ramazanı oruçla geçirip buna şevvalden altı gün daha ilâve ederse bütün seneyi oruçlu geçirir" [155] buyurmuşlardır.

Resûl-i Ekrem [s.a.v] şöyle buyurmuştur:

"Kim ramazan ve şevval ayını oruçlu geçirir ve pazartesi, perşembe günleri de oruç tutarsa cennete girer." [156]

Ubeydullah b. Müslim el-Kuraşî'nin babası anlatıyor: Resûl-i Ekrem'e [s.a.v], bütün zamanları oruçlu geçirme hakkında sordum. Şöyle cevapladı:

---

155 Müslim, Savm, 204.

156 Ahmed b. Hanbel, *el-Müsned*, 3/416; 4/78; Heysemî, *Mecmau'z-Zevâid*, 3/190.

"Ailenin de senin üzerinde hakları vardır. Ramazanı, onun peşinden gelen ayı, pazartesi ve perşembe günlerini oruçlu geçir! Böyle yaparsan bütün zamanı oruçlu geçirmiş olursun." [157]

Bazı âlimler,

مَنْ جَاءَ بِالْحَسَنَةِ فَلَهُ عَشْرُ أَمْثَالِهَا

"Kim iyi bir amel işlerse, kendisine bunun on katı ecir vardır" (En'âm 6/160) âyetinden yola çıkarak, ramazanın her bir günü on güne karşılık geldiğini ve toplamının 300 olduğunu, ardından tutulan altı günlük şevval orucuyla birlikte tam bir sene ettiğini hesaplamışlardır. İhlâs ile kim ne isterse Rabbimiz onu verir. Tıpkı bir kuyunun kenarına insanların yararı için kazık çakan adamla, bu kazıktan dolayı birinin başına kötü bir durum gelebilir endişesiyle onu çıkarıp atan adamın niyeti gibi.

Eski zamanda bir adam yolculuk yapıyormuş, susamış ... Su içmek için bir kaynak aramış. Derince bir kuyu bulmuş. Su alabilmek için kuyuya bir kap indirmesi gerekiyormuş. Etrafına bakınmış, atını bağlayacak bir ağaç bulamamış. Mecburen bir eliyle atının dizginini tutmuş, öbür eliyle de kabı kuyuya sarkıtmış. Suyu çekmiş. Hem kendisi içmiş hem de atına içirmiş. Sonra, buraya bir kazık çakayım da gelen gidenler atlarını bağlasın, rahatça sularını içsinler, diye düşünmüş. Uygun bir kazık bulup kuyunun yanına çakmış. Bunun üzerine kendisine, iyi niyetinden dolayı sevap yazılmış. Sonra bu adam oradan ayrılıp yoluna devam etmiş.

Bir süre sonra bir başka atlı gelmiş. Kuyunun yanında bir kazık olduğunu görmüş. Kendi kendine, "Şimdi gün-

157 Ebû Davud, Savm, 57; Tirmizî, Savm, 45; Münzirî, *et-Tergîb ve't-Terhîb*, 2/127.

düz, bunu görebiliyorum ... Ya gece biri gelir de bu kazığı göremez ve ayağı takılıp düşerse ... Kim çıkarır onu bu ıssız yerde? İyisi mi bu kazığı sökeyim ..." diye düşünmüş ve söküp atmış. Onun bu iyi niyetinden dolayı da kendisine sevap yazılmış.

Biz de safi bir niyetle altı gün orucumuzu tutarsak, belki Rabbimiz bu niyetimize, bütün seneyi oruçlu geçirmiş gibi sevaplar ihsan eder, hatalarımızı affeder. Rabbimiz'in hudutsuz rahmetine kimse sınır çizemez. O'nun rahmet hazinelerinin sonu yoktur.

Demek oluyor ki, ramazan ayında orucunu tutup, şevval ayında da altı gün oruç tutan bir mümin, senenin tamamında oruç tutmuş sayılacaktır. Bu orucun meşru kılınmasındaki sır şu olsa gerek: Ramazan ayının peşindeki oruç, farz namazların peşinden kılınan sünnet namazları gibidir. Nasıl ki bu sünnetler, farzlardan olması muhtemel kusurları telâfi ediyorsa, şevval ayında tutulan oruç da ramazan orucunda bulunması muhtemel kusurları telâfi eder. Ayrıca oruç ibadetinden usanılmadığı da ifade edilmiş olur. Farz ibadetlerin dışında, nâfile diye tabir edilen sünnet bir ibadet ifa edilmiş olunur. Bir kutsî hadiste de buyrulduğu gibi:

"Kulum nâfilelerle de bana yaklaşmaya devam eder; nihayet ben onu severim. Onu sevince de işiten kulağı, gören gözü, tutan eli ve yürüyen ayağı olurum. Benden bir şey isterse veririm, bana sığınırsa onu korurum ..." [158]

Ramazan orucunun insanları fazla yormaması, en rahat bir şekilde tutulabilmesi için Resûlullah [s.a.v] bizleri receb ayından itibaren ara ara oruç tutmaya teşvik etmişlerdir. Bu oruç, şaban ayında daha çoğalır, böylece ramazana birden

158 Buhârî, Rikâk, 38.

ve âniden girilmemiş; hazırlıklı ve alışmış olarak girilmiş olur. Ramazan bitince de oruç yine birden bırakılmamış ve böylece beslenme alışkanlıkları değiştirilmiş olmaz.

Bir diğer hikmet ise, kadınların ramazanda tutamadıkları oruçları vakit kaybetmeden hemen ramazanın ardından tutmaya teşvik etmektir.

Nasıl tutulacağına gelince, müstehap olan bu altı gün orucunu tutmak isteyenler bunu peş peşe tutabilecekleri gibi aralıklarla da tutabilirler. Ayrıca ramazanda bir şekilde orucu kazâya kalanlar, bu ayı fırsat bilerek, oruçlarını tutabilirler. Böylece hem kazâlarını ödemiş hem de şevval orucunu tutmuş olurlar. Dediğimiz gibi bu altı günlük oruç peş peşe de tutulabilir, ara vererek de. Ara vererek tutulacağı durumunda, pazartesi ve perşembe günleri tercih edilirse, tutulan orucun sevabının yanında, bu günlerde tutmanın sevabı da kazanılmış olur. Çünkü pazartesi ve perşembe orucu Resûlullah'ın [s.a.v] oruç tuttuğu günlerdir.

Kadınlar ramazanda tutamadıkları oruçlarını şevvalde kazâ ederlerse, hem borçlarını ödemiş hem de şevvalde altı gün oruç tutmuş olurlar.

Eğer şevval oruçları, sadece nâfile bir ibadet olarak ifa edilecekse, geceden niyet etmek güzel olmakla birlikte, kaba kuşluk vaktine yani öğlen vaktinin bir-bir buçukluk saat öncesine kadar niyet edilebilir. Tabii ki güneş doğduktan sonra hiçbir şey yiyip içmemiş olmak şartıyla. Şayet şevval oruçları, kazâya kalmış ramazan orucuna niyet edilerek tutulacaksa, mutlaka geceden, yani güneşin batmasından imsak vaktine kadarki süre içerisinde oruca niyet edilmiş olması gerekir. Sahura kalkmak niyet yerine geçer. Ayrıca niyeti kalp ile yapmak da yeterlidir.

Bayramın Fazileti

Şevval ayının 1. günü olan ramazan bayramı ve Zilhicce'nin 10. günü olan kurban bayramı günlerine "îd" denilir. Terim olarak "bayram" manasına kullanılan "îd" kelimesi "dönmek" anlamına gelen "âde" kelimesinden türemiştir. Bayram günlerine "îd" denilmesini bazıları şöyle izah eder:

Müminler, ramazan orucu farizası ile hac farizasını yerine getirirler. Ramazandan sonra fıtır bayramını, hac ibadetinden sonra da kurban bayramını kutlarlar. Bu ibadetlere her sene tekrar dönerler ve ibadetlerini yeniden yaparlar. Cenâb-ı Hak da [c.c] daima onlara sevap ile karşılık verir. Bu günlerin dönmesi, müminlere sevincin geri dönmesi anlamına gelir.

Hz. Peygamber'in [s.a.v] kıldığı ilk bayram namazı, hicretin ikinci yılında kılmış olduğu ramazan (fıtır) bayramı namazıdır. Allah Resûlü [s.a.v] bu yıldan sonra onu hiç terketmemiştir.

Ebû Hüreyre [r.a] Resûlullah'ın [s.a.v] şöyle buyurduğunu rivayet eder:

"Bayramlarınızı tekbirlerle süsleyiniz." [159]

Resûl-i Ekrem [s.a.v] şöyle buyurur:

"Kim bayram günü üç yüz defa 'Sübhânellâhi ve bihamdihî' der ve bunu müslümanların ölülerine hediye ederse; her müminin kabrine bin nur girer ve o kişi vefat ettiği zaman Cenâb-ı Hak kendisinin kabri için de bin nur verir." [160]

---

159 Taberânî, *el-Mu'cemü's-Sagîr*, 1/215; Münzirî, *et-Tergîb ve't-Terhîb*, nr. 1617.

160 Taberânî, *el-Mu'cemü'l-Evsat*, 1/357.

Vehb b. Münebbih [r.a] şöyle der:

"İblîs her bayram feryat eder. Şeytanlar etrafına toplanır ve, 'Ey efendimiz, seni öfkelendiren nedir?' diye sorarlar. İblîs şeytanlara,

'Allah Teâlâ bugün Muhammed ümmetinin günahlarını bağışladı. Gidin onları lezzetlere ve şehvetlere daldırarak oyalayın' der."

Yine Vehb b. Münebbih [r.a] şöyle der:

"Cenâb-ı Hak [c.c] cenneti ramazan bayramı gününde yarattı, tûbâ ağacını cennete ramazan bayramı günü dikti, Cibrîl'i [a.s] vahiy meleği olarak ramazan bayramı günü seçti ve Firavun'un sihirbazlarının tövbesini Allah Teâlâ ramazan bayramı günü kabul etti."

Resûlullah [s.a.v] şöyle buyurur:

"Bayram gecesini, sevabını sırf Allah'tan bekleyerek ibadetle geçiren kişinin kalbi, bütün kalplerin öldüğü günde ölmez!" [161]

Anlatıldığına göre, Hz. Ömer [r.a] bayram günü çocuklarından birini üzerinde eski bir gömlekle görür ve ağlamaya başlar. Çocuk babasına sorar:

- Babacığım seni ağlatan nedir?

- Yavrucuğum! Diğer çocuklar senin üzerinde bu eski elbiseyi görünce, bayram günü kalbinin kırılmasından korkuyorum.

Oğlu şöyle cevap verir:

- Kalp ancak Allah rızasından mahrum kalınca ya da anne babaya isyan edince kırılması gerekir. Ben ise, senin

---

161 İbn Mâce, Savm, 68.

rızanı kazanmak sayesinde Allah'ın rızasını elde edeceğimi ümit ediyorum.

Bunun üzerine Hz. Ömer [r.a] oğlunu bağrına basar ve onun için dua eder.

Cenâb-ı Hak [c.c] onlardan razı olsun!

İbn Abbas [r.a] bayram gecesini şöyle anlatmıştır: "Ramazan bayramının gecesi (ramazanın son gününü bayrama bağlayan gece) olduğu zaman bu geceye "câize" yani mükâfat gecesi ismi verilir. Bayram sabahı olduğu zaman Allah Teâlâ her beldeye meleklerini gönderir. Onlar da yeryüzüne inerek sokak başlarını tutarlar. Sonra insan ve cinlerin dışında bütün mahlûkatın duyacağı bir sesle,

- Ey ümmet-i Muhammed! Kerem sahibi, mükâfatlar veren, büyük günahları affeden Rabb'inizin huzuruna varmak için evlerinizden çıkın, derler.

İnsanlar bayram namazlarını kılmak için mescide geldiklerinde Allah [c.c] meleklerine,

- Ey meleklerim, çalışan kişinin, işini bitirdikten sonra hakkı nedir, diye sorar. Melekler,

- Ey Rabbimiz, efendimiz! Onun hakkı, çalıştığının karşılığının verilmesidir, derler. Bunun üzerine Allah Azze ve Celle şöyle buyurur:

- Ey meleklerim, ben de sizleri şahit tutuyorum ki, onların ramazan ayında oruç tutmalarına ve gecelerini ibadetle geçirmelerine mukabil benim onlara vereceğim sevap, rızam ve bağışlamamdır.

Allah [c.c] sonra şöyle buyurur:

- Ey kullarım! Benden dilediğinizi isteyin. İzzetime ve celâlime yemin olsun ki, bugün hanginiz benden ahiretiniz için bir şey isterse, mutlaka onu vereceğim. Dünyalığınız için de istediklerinizde ona bakacağım (hayırlı olanı takdir edeceğim). İzzetime yemin olsun ki, sizler benim hakkımı muhafaza ettiğiniz müddetçe ben de sizin küçük günahlarınızı örteceğim. İzzetime yemin olsun ki, sizleri mahcup ve hüsranda bırakmayacağım. Şimdi günahlarınız bağışlanmış olarak evlerinize dönün. Sizler beni razı ettiniz ve ben de sizlerden razı oldum.

Allah Teâlâ'nın, ümmet-i Muhammed'e verdiği bunca ihsan ve ikramı işiten meleklerin hepsi sevinirler.

Bayram Namazının Kılınışı

Bayram namazları ikişer rekâttır. Cemaatle âşikâre olarak kılınır. Ezan ve kamet yapılmaksızın imam, iki rekât ramazan veya kurban bayramı namazına niyet eder. Cemaat de bu şekilde iki rekât bayram namazı kılmak için imama uymaya niyet eder. "Allahüekber" diye iftitah/başlangıç tekbiri alınır, eller bağlanır. Hep birlikte gizlice "Sübhâneke" okunur. Sonra imam yüksek sesle, cemaat de gizlice "Allahüekber" diye üç tekbir alırlar. Tekbirlerde eller yukarıya kaldırılıp ondan sonra yanlara bırakılır. Her tekbir arasında üç tesbih miktarı durulur. Üçüncü tekbirden sonra eller bağlanır. İmam gizlice "eûzü besmele" çektikten sonra açıktan sesli olarak Fâtiha sûresi ile bir miktar daha Kur'ân-ı Kerîm'den okur. Sesli bir şekilde açıktan "Allahüekber" diyerek rükû ve secdelere gider. Cemaat de tekbirleri hafif duyacağı bir sesle getirerek imama uyar.

Sonra yine tekbir alınarak ikinci rekâta kalkılır. İmam gizlice "besmele"den sonra yine âşikâre olarak Fâtiha sûresi ile bir miktar daha Kur'an okur. Birinci rekâtta olduğu gibi üç tekbir alınır. Ondan sonra imam yine âşikâre, cemaat ise gizlice "Allahüekber" diye rükûa ve secdelere varırlar. Sonra oturulup gizlice "Tahiyyat, Salli-Bârik ve Rabbenâ âtinâ" duaları hep birlikte okunur ve iki tarafa selâm vererek namaz tamamlanır.

Bu halde bayram namazlarının her rekâtında üç fazla tekbir bulunmuş olur ki, bunlar da vâciptir.

İmam, bayram namazını kıldırdıktan sonra hutbe okumak için minbere çıkar. Cumada olduğu gibi iki hutbe okur. Ancak bu bayram hutbelerine tekbir ile başlanır. Cemaat de bu tekbirlere hafifçe katılır. Hatip kurban bayramı hutbesinde kurban ve teşrîk tekbirleri konusunda bilgi verir.

Cuma hutbelerinde sünnet olan şeyler bayram hutbelerinde de sünnettir. Mekruh olanlar da aynen mekruhtur.

Bayram namazına yetişemeyen kimse, kendi başına bayram namazı kılamaz. İsterse dört rekât nâfile namazı kılar. Hanefîler'e göre bayram namazları vâcip, Şâfiîler'e göre müekked sünnettir.

Teşrîk Tekbirleri

Kurban bayramının arefe günü sabah namazından başlayarak bayramın dördüncü günü ikindi namazına kadar, ikindi de dahil olmak üzere, her farz namazın peşinden tekbirler getirilir. Bu tekbirlere "teşrîk tekbirleri" adı verilir. Hanefîler'e göre bu tekbirleri getirmek vâciptir. Toplam yirmi üç vakitte getirilecek olan teşrîk tekbirleri aşağıdaki şekilde söylenir.

"Allahüekber Allahüekber, lâ ilâhe illallahu vallahu ekber, Allahüekber ve lillahi'l-hamd."

Teşrîk Tekbirlerinin Meydana Gelişi

Teşrîk tekbirlerinin meydana gelişi hakkında kitaplarda Hz. İbrahim [a.s] ile Hz. İsmail [a.s] arasında geçen o meşhur kıssa gösterilmektedir. Kur'ân-ı Kerîm'de de geçen bu kıssa şöyle olmuştur:

Bir gün Hz. İbrahim [a.s],

-Vallahi eğer benim bir oğlum olursa onu Allah için kurban edeceğim, diye yemin etmişti.

İbrahim [a.s] bu sözü söylemiş ve aradan uzun bir zaman geçmişti. Bu arada Allah'a verdiği sözü unutmuştu.

Rabb'inden bir evlat istedi. Allah Teâlâ da onun duasına icabet etti ve kendisine bir evlat nasip eyledi.

İsmail [a.s] yedi yaşlarına gelip, yürüyüp koşacak yaşa geldiğinde İbrahim [a.s] bir rüya gördü. Rüyasında kendisine,

- Ey İbrahim! Adağını yerine getir, deniliyordu.

Sabah olup kalktığında İbrahim [a.s] düşünmeye başladı; acaba bu rüya Allah'tan mıydı, yoksa şeytandan mıydı?

Akşam olup yattığında İbrahim [a.s] aynı rüyayı tekrar gördü. Sabah olduğunda oturdu, düşündü ve bu rüyanın Allah'tan olduğunu anladı.

Üçüncü gece İbrahim [a.s] aynı rüyayı tekrar gördü. Oğlunu kurban etmesi gerektiğini anlamıştı.

İbrahim [a.s], oğlu İsmail'i kesmek için götürmek isteyince, hanımı Hz. Hacer'e [r.anha],

- Oğlumuz İsmail'in [a.s] en güzel elbiselerini giydir! Çünkü ben onunla birlikte bir ziyafete gidiyorum, dedi. Annesi Hz. İsmail'e [a.s] en güzel elbiselerini giydirdi. Saçlarını taradı, güzel kokular sürdü.

İbrahim [a.s] yanına ip ve bıçak alarak oğluyla birlikte Minâ denilen yere gitti.

Şeytan ise yaratıldığı günden bu yana hiç bu kadar telaşlanmamıştı. Bir o yana bir bu yana koşuşturuyordu.

Henüz küçük yaşta olan İsmail [a.s] babasının önünde sevinçle koşuyordu. Şeytan, Hz. İbrahim'e [a.s] gelerek,

- Görmüyor musun; nasıl boylu poslu! Nasıl da güzel yüzlü, diye onu kandırmaya çalıştı.

İbrahim [a.s],

- Evet, doğru söylüyorsun, ancak ben bunu yapmakla emrolundum, dedi.

Şeytan, Hz. İbrahim'den ümidini kesince Hz. Hacer'e gitti ve,

- Sen nasıl oturuyorsun? İbrahim oğlunu kesmeye götürdü, dedi. Hz. Hacer validemiz,

- Hayır, sen yalan söylüyorsun! Bir baba nasıl olur da oğlunu kesebilir, dedi.

Şeytan,

- Anlamıyor musun; bu sebepten ötürü İbrahim yanına ip ve bıçak aldı, dedi.

Hz. Hacer validemiz,

- Peki, neden kesecek, diye sordu. Şeytan,

- Rabb'inin kendisine böyle emrettiğini zannediyor, dedi.

Hz. Hacer,

- Hayır, yanılıyorsun. Peygamberler boş ve bâtıl şeylerle emrolunmazlar. Eğer böyle bir emir varsa ben kendi ruhumu bile feda ederim, dedi.

Şeytan, Hz. Hacer'den de ümidini kesince Hz. İsmail'in yanına geldi ve,

- Sen seviniyorsun, oynuyorsun, koşuyorsun ancak babanın yanında ip ve bıçak var; seni kesmek istiyor, dedi.

İsmail [a.s],

- Hayır, sen yalan söylüyorsun! Babam beni kesmez, dedi. Şeytan,

- O Rabb'inden böyle bir emrin geldiğini zannediyor, dedi. Bunun üzerine İsmail [a.s] o küçük yaşına rağmen,

- Rabbimiz'in emrini duydum ve itaat ettim, dedi. Şeytan başka şeyler de söylemek istediği sırada İsmail [a.s] yerden bir taş aldı ve şeytana atarak onun sol gözünü kör etti. Bunun üzerine şeytan oradan perişan bir vaziyette, hiçbir netice alamadan kaçıp gitti.

Daha sonra baba ve oğul birlikte Minâ'ya gittiler. İbrahim [a.s] oğluna,

يَا بُنَيَّ اِنّ۪ٓي اَرٰى فِي الْمَنَامِ اَنّ۪ٓي اَذْبَحُكَ فَانْظُرْ مَاذَا تَرٰىۜ

"Yavrucuğum! Rüyada seni boğazladığımı görüyorum; bir düşün, ne dersin?" (Sâffât 37/102).

İsmail [a.s],

يَٓا اَبَتِ افْعَلْ مَا تُؤْمَرُۘ سَتَجِدُن۪ٓي اِنْ شَٓاءَ اللّٰهُ مِنَ الصَّابِر۪ينَ

"Babacığım! Emrolunduğun şeyi yap. İnşallah beni sabredenlerden bulursun, dedi" (Sâffât 37/102).

İbrahim [a.s] oğlunun bu cevabını işitince, vaktinde Rabb'ine yaptığı o duanın kabul olduğunu anladı ve Allah Teâlâ'ya şükretti, hamdetti.

Sonra İsmail [a.s] babasına,

- Ey babacığım! Sana bazı tavsiyelerim olacak. Beni kesmeden önce ellerimi bağla ki, hareket edip çırpınarak sana eziyet vermeyeyim.

Yüzümü toprağa doğru çevir ki, yüzüme bakıp bana acımayasın.

Elbiselerini benden uzak tut ki, akan kanlar elbisene bulaşmasın yoksa ecrim azalır ve annem kanlarımı görüp üzülür.

Bıçağını iyi bile ve boynuma getirdiğinde hızlı hızlı sürt, çünkü ölüm acısı şiddetlidir.

Şu gömleğimi de al anneme götür, ona bakarak beni hatırlar. Anneme selâmımı ilet ve ona, "Allah'ın emrine karşı sabırlı ol!" dediğimi söyle.

Anneme beni nasıl kestiğini, ellerimi nasıl bağladığını sakın söyleme.

Çocuklar sık sık annemin yanına gidip gelmesin ki, onlara bakıp benim için ağlamasın.

Bana benzer bir çocuk gördüğünde ona bakma ki, beni hatırlayıp üzülmeyesin, ağlamayasın.

İbrahim [a.s],

- Allah'ın emri için bu ne güzel ne iyi bir yardım, dedi.

"Her ikisi de teslim olup, onu alnı üzerine yatırınca ..." (Sâffât 37/103) İbrahim [a.s] oğlunu Minâ'da bir kayanın yanında yanı üzerine aynen bir koyunu yatırır gibi yatırdı. Kimilerine göre İsmail'i, tavsiyesi üzerine yüzünün üstüne yatırmıştır ki, kendisiyle Allah'ın emrinin arasına girecek bir şefkat ve yumuşama olmasın, bu işten vazgeçmesin.

Daha sonra İbrahim [a.s] bıçağı oğlunun boynuna dayadı. Hızlıca, aceleyle ileri geri sürtmeye başladı ancak bıçak kesemedi.

Bu sırada İsmail [a.s] babasına,

- Ey babacığım! Ellerimi ve ayaklarımı çöz. Çünkü işi istemeye istemeye yapıyormuşum gibi görülmek istemiyorum, dedi ve ellerini ayaklarını bağsız bir şekilde uzattı, yüzünü de yere doğru çevirdi. İbrahim [a.s], bütün kuvvetiyle bıçağı oğlunun boynuna sürtemeye başladı. Ancak bıçak Allah'ın izniyle kesmiyordu.

İsmail [a.s],

- Ey babacığım! Yoksa bana olan muhabbetin sebebiyle zayıf mı düştün ki kesemiyorsun, dedi.

İbrahim [a.s] bu duruma kızdı ve elindeki bıçağı taşa vurdu. Taş ikiye ayrıldı. İbrahim [a.s] bunu görünce,

- Ey bıçak! Taşı kesiyorsun da eti neden kesmiyorsun, dedi. Bıçak Allah'ın izniyle dile geldi:

-Ey İbrahim! Halil kes, diyor; Celil olan Allah ise kesme, diyor. Ben Rabbim'in emrini bırakıp da nasıl senin emrini yapabilirim ki, dedi.

Allah [c.c],

وَنَادَيْنَاهُ اَنْ يَآ اِبْرٰهٖيمُۙ ﴿١٠٤﴾ قَدْ صَدَّقْتَ الرُّءْيَاۚ

اِنَّا كَذٰلِكَ نَجْزِي الْمُحْسِنٖينَ

"Ey İbrahim! Rüyayı gerçekleştirdin. Biz iyileri böyle mükâfatlandırırız. Bu, gerçekten, çok açık bir imtihandır" (Sâffât 37/104-105).

Gerçekten de bu büyük ve apaçık bir imtihandı. Böyle bir imtihanla ihlâslı olanla olmayan kolayca ayrılacaktı. Çünkü bundan daha zor bir imtihan yoktu.

وَفَدَيْنَاهُ بِذِبْحٍ عَظِيمٍ

"Biz, oğluna bedel ona büyük bir kurban verdik" (Sâffât 37/107).

Yani, "Biz onu emrolunduğu şeyden kurtardık ve onun yerine bedel olarak cennetten bir kurban verdik." Evet, bu hayvan Hâbil'in Allah için kurban ettiği ve Allah indinde kabul gören bir koç idi. O İsmail'in yerine geçinceye kadar cennette yaşadı.

Cebrâil [a.s], semadan bu koçla beraber inerken Hz. İbrahim'in [a.s] hâlâ oğlunun boynunu kesmeye çalıştığını görmüştü. Hem Allah Teâlâ'ya hürmet ve tazim hem de hayretinden ötürü,

اللّٰهُ أَكْبَرُ اللّٰهُ أَكْبَرُ

"Allahüekber, Allahüekber" dedi. Onun bu sözlerine karşılık İbrahim [a.s],

لَا إِلَهَ إِلَّا اللّٰهُ وَاللّٰهُ أَكْبَرُ

"Lâ ilâhe illallahu vallahu ekber" dedi.

İsmail de [a.s] onlara katıldı ve,

اللّٰهُ أَكْبَرُ وَلِلّٰهِ الْحَمْدُ

"Allahüekber ve lillahi'l-hamd" diyerek bu güzel tesbihat tamamlandı ve bu ümmet-i Muhammed'e kurban keserken söylenmesi vâcip bir zikir oldu (Bu zikre "teşrîk tekbirleri" diyoruz).

2. ZİLHİCCENİN İLK ON GÜNÜNÜN FAZİLETİ

İbn Abbas [r.a] anlatır:

"Bir gün Resûlullah [s.a.v],

- *Amellerin Allah katında en sevimli ve en faziletli olanları, zilhicce ayının ilk on gününde yapılanlarıdır. O günlerde, bir gün oruç tutmak, bir sene oruç tutmaya eşit olur. Bir gecesini ibadetle geçirmek, Kadir gecesini ibadetle geçirmeye denk olur (O denli sevabı büyüktür),*[162] buyurdu.

Bunun üzerine meclistekiler,

- Yâ Resûlallah! Allah yolunda cihad, bundan daha faziletli değil mi, diye sordular. Resûlullah [s.a.v],

- *Hayır, Allah yolunda cihad da bundan daha faziletli değildir. Ancak bir kimse canıyla, malıyla çıkar da onlardan hiçbir şeyiyle geri dönmezse o müstesna"* buyurdu.[163]

Câbir b. Abdullah [r.a] anlatıyor: Bir gün Resûlullah [s.a.v],

- *Allah Teâlâ katında zilhiccenin on gününden daha faziletli ve sevimli başka gün yoktur,* buyurdu.

Sahabiler,

- Allah yolunda cihad ile geçirilen günler de mi onlar gibi olamaz, diye sorunca, Resûlullah [s.a.v],

- *Evet, Allah yolunda cihad ile geçirilen günler de onlar gibi olamaz. Ancak cihad esnasında atını ve canını Allah yolunda kaybedenler hariç,* buyurdular. [164]

---

162 bk. Tirmizî, Savm, 52; İbn Mâce, Savm, 39.
163 Buhârî, Îdeyn, 11; Aynî, *Umdetü'l-Kârî*, 5/184.
164 bk. Buhârî, Îdeyn, 11; Tirmizî, Savm, 25; Ebû Davud, Savm, 61.

Terviye Günü Oruç Tutmanın Fazileti

Terviyenin kelime anlamı, "suya kanmak, düşünüp tefekkür etmek"tir. Tevriye günü, Zilhicce'nin 8. günüdür, yani arefe gününden bir önceki gündür.

Hacılar bu günde Mina'ya doğru hareket ederler. Orada yeteri kadar su bulunmadığından, daha önce kendilerinin ve bineklerinin su ihtiyacını bolca karşılamaları sebebiyle bu ad verilmiştir. Yahut İbrahim [a.s] oğlu İsmail'i [a.s] kurban etme rüyasını bu gecede görmüş; gördüğü rüyayı tefekkür etmiş. Bu rüyanın rahmânî bir rüya olduğunu bilmiş ve onuncu günde oğlunu kurban etme işini yerine getirdiği için bu güne tefekkür günü manasına "terviye günü" denilmiştir.

Terviye günü oruç tutulması hakkında Resûlullah [s.a.v] şöyle buyurmuşlardır:

"Kim terviye günü oruç tutarsa, Allah Teâlâ o kişiye Eyyûb'ün [a.s] sabrına karşılık aldığı sevap kadar sevap verir." [165]

Arefe Günü Oruç Tutmanın Fazileti

Hz. Âişe validemiz [rh.a] şöyle rivayet eder:

Bir genç vardı, söze kulak verir dinlerdi. Zilhicce hilâlini görünce ertesi sabah oruç tutmaya başlardı. Gencin bu yaptığı Resûlullah'a [s.a.v] ulaştı. Peygamber Efendimiz [s.a.v] onu çağırdı ve kendisine dedi ki:

"Seni bu günde oruç tutmaya sevkeden sebep nedir?"

Genç şöyle cevap verdi:

165 İbn Arrâk, *Tenzîhü'ş-Şerîa*, 2/165.

"Anam babam sana feda olsun ey Allah'ın Resûlü! Bu günler, insanların hac ve ibadet için toplandıkları günlerdir. Belki bu ibadetimle Allah Teâlâ beni onların duaları arasına katar!"

O zaman Resûl-i Ekrem [s.a.v] buyurdu ki:

"Bu günlerde tuttuğun her bir günlük oruca senin için bin köleyi âzat etme, bin deve kurban etme ve Allah yolunda cihad etmek üzere bin at verme sevabı vardır. Arefe günü olunca iki bin köle âzat etme, iki bin deve kurban etme ve iki bin at verme sevabı ihsan edilir." [166]

Resûlullah [s.a.v] diğer bir hadisinde şöyle buyurur:

"Arefe günü gelince Allah Teâlâ [c.c] rahmetini yayar. Hiçbir günde, o günde olduğu kadar cehennemden âzat edilen olmaz. Arefe gününde kim Allah Teâlâ'dan bir dünya veya âhiret hâcetini isterse, Cenâb-ı Hak bu dileği yerine getirir. Arefe günü oruç tutmak, geçmiş bir senenin ve gelecek bir senenin günahlarına kefârettir." [167]

3. MUHARREM AYI ve AŞURE GÜNÜNÜN FAZİLETİ

Muharrem ayı, kamerî yılın ilk ayıdır. Müslümanların hicrî yılbaşıdır.

Kamerî aylar sırasıyla şunlardır: Muharrem, safer, rebîülevvel, rebîülâhir, cemâziyelevvel, cemâziyelâhir, receb, şaban, ramazan, şevval, zilkade, zilhicce.

Bu ayların içinde, muharrem ayının ayrı bir yeri ve fazileti vardır. O ayın içinde çok ibretlik ve hayırlı olaylar olmuş-

166 İbn Arrâk, *Tenzîhu'ş-Şerîa*, 2/148.

167 Benzer lafızlarla rivayet için bk., Müslim, Hac, 346; İbn Mâce, Menâsik, 56; Münzirî, *et-Tergîb ve't-Terhîb*, nr. 1740.

tur. Bu ay içinde tavsiye edilen nâfile ibadetler vardır. Bu konuda hadis-i şerifte şöyle buyrulmuştur:

"Ramazan ayı dışında orucun en faziletlisi, kendisine dua ettiğiniz Allah'ın ayı olan muharrem ayında tutulan oruçtur. Farzların dışında namazın en faziletlisi, geceleri kılınan nâfile namazlardır." [168]

Bu hadiste iki önemli amel anlatılmaktadır Biri nâfile oruç, diğeri de gece namazıdır.

Adamın biri Resûl-i Ekrem'e [s.a.v] geldi ve şöyle dedi: "Ey Allah'ın Resûlü [s.a.v]! Ramazan ayı dışında oruç tutmam için bana bir ay söyle!" Bunun üzerine Allah'ın Resûlü [s.a.v],

"Eğer ramazan dışında bir ay boyunca oruç tutacaksan, muharremi tut! Muhakkak ki o, Allah'ın ayıdır. O ayda öyle bir gün vardır ki, Allah tövbe edenlerin tövbesini kabul eder ..."[169]

Ebû Osman en-Nehdî [rah] diyor ki: "Ashap şu üç farklı on güne çok önem verirdi: Ramazanın son on günü, zilhiccenin ilk on günü ve muharremin ilk on günü."

Ramazan ayından sonra en hayırlı aylar "haram aylar"dır. Haram ayların en faziletlisi de muharrem ayıdır. Nitekim Resûl-i Ekrem [s.a.v] bu aylarda oruç tutmayı tavsiye etmiştir. O aylardan zilhicce hicrî yılı bitirir; muharrem ise hicrî yılı başlatır. Kim zilhicce ayını oruçlu geçirir, sonra da muharrem ayı boyunca oruç tutarsa, seneyi taatle kapatıp, taatle açmış olur. Bu kimse bütün yılı oruçlu olarak geçirmiş gibi olur. Çünkü bir işin başının ve sonunun taatle olması, o

168 Müslim, Savm, 38; Tirmizî, Salât, 207-208; Ahmed b. Hanbel, *el-Müsned*, 2/344.

169 Tirmizî, Savm, 40; Ahmed b. Hanbel, *el-Müsned*, 1/154, 155.

işin tamamının taatle olması hükmündedir. Bu konudaki bir hadis-i şerifte şöyle buyrulmuştur:

"İki Hafaza meleği kulun sahifesini göğe yükseltirler. O amel defterinin başında ve sonunda hayır varsa muhakkak ki Allah, meleklerine şöyle hitap eder: Şahit olun! Muhakkak ki ben o iki amelinin arasında olanları bağışladım." [170]

Aşure, Muharrem ayının 10. günüdür. Bu günün çok büyük bir fazileti ve hürmeti vardır. Bu faziletinden dolayı, önceki peygamberler de o günde oruç tutmuşlardır Hz. Nuh [a.s] ve Hz. Musa [a.s] o günde oruç tutmuştur.

İbn Abbas [r.a] şöyle rivayet eder:

"Resûl-i Ekrem [s.a.v] Medine'ye geldi. Burada yahudilerin aşure günü oruç tuttuklarını görünce onlara bunun sebebini sordu. Yahudiler şöyle dediler:

'Bugün, Allah Teâlâ'nın Musa'yı [a.s] Firavun'un taraftarlarına karşı üstün kıldığı ve kurtardığı gündür. Bizler de bu güne hürmeten oruç tutuyoruz.'

Bunun üzerine Resûlullah [s.a.v], *'Bizler Musa'ya [a.s] sizden daha yakınız!'* buyurarak bu günde kendisi oruç tuttu ve müslümanların da oruç tutmalarını tavsiye etti." [171]

Aşure gününün fazileti hakkında pek çok hadis-i şerif vârit olmuştur. Cenâb-ı Hak [c.c], bu günde Âdem'in [a.s] tövbesini kabul buyurmuş, onu bu günde yaratmış, bu günde cennete koymuş, yine bu günde arşı, kürsîyi, gökleri ve yeri, güneşi, ayı, yıldızları ve cenneti yaratmıştır. İbrahim [a.s] bu günde doğmuş, yine bu günde Nemrûd'un ateşinden kurtulmuştu.

170 Bezzâr, *Müsned*, nr. 3252; Heysemî, *Mecmau'z-Zevâid,* 10/208.
171 Buhârî, Savm, 69, Enbiyâ, 22; Müslim, Sıyâm, 127; Ebû Davud, Savm, 64.

Yine Musa [a.s] ile kendisine iman edenler bu günde kurtulmuş, Firavun ve kavmi bu günde denizde boğulmuşlardı. İsa da [a.s] bu günde doğmuş, yine bu günde semaya yükseltilmiş; İdris de [a.s] bu günde yüce makamlara yükseltilmişti. Nuh'un [a.s] gemisi de bu günde Cûdî dağının tepesine oturmuştu.

Süleyman'a da [a.s] bu günde büyük bir saltanat verilmiş, Yunus [a.s] bu günde balığın karnından kurtulmuştu. Gözleri ağlamaktan görmez olan Yakub'un [a.s] gözleri bu günde görür hale gelmiş, Yusuf [a.s] bu günde kuyudan çıkarılmıştı. Eyyûb [a.s] yakalandığı hastalıktan yine bu günde kurtulmuştu. [172]

Aşure gününde oruç tutmak ümmetler arasında bilinen iyi bir âdetti. Hatta denilir ki: Ramazan orucu farz kılınmadan önce aşure günü oruç tutmak farz idi, ramazan orucunun farz kılınması ile aşure günü oruç tutmanın farziyeti hükmü kaldırıldı. Resûlullah [s.a.v] hicretten önce de bu günlerde oruç tutmuştu. Medine'ye gelince de devam etti. Resûl-i Ekrem [s.a.v] ömrünün sonlarına doğru şöyle buyurmuştu:

"Eğer Allah [c.c] izin verir de gelecek sene yaşarsam, Muharrem'in 9. ve 10. günleri mutlaka oruç tutacağım!" [173] Fakat ertesi yıla kavuşmadan o yıl içinde en yüce dosta kavuştu.

İbn Mesud'un [r.a] rivayetine göre, Resûlullah [s.a.v] buyurdular ki:

"Kim ailesine aşure günü geniş (cömert) davranırsa Allah da ona senenin geri kalan günlerinde cömert davranır." [174]

172 bk. Taberânî, *el-Mu'cemü'l-Kebîr*, nr. 5538; Heysemî, *Mecmau'z-Zevâid*, nr. 5132.

173 Müslim, Sıyâm, 133.

174 Beyhakî, *Şuabü'l-İmân*, nr. 3791-3792; Taberânî, *el-Mu'cemü'l-Kebîr*, nr. 10007.

Câbir [r.a] der ki: Ben bu hadiste belirtilen hususu tam kırk sene uyguladım ve gördüm ki gerçekten de her senem bollukla geçti.

Âlimler der ki: Kişinin ailesine cömert davranması sadece yiyecek içecekle sınırlı kalmamalı, diğer helâl şeylerden de, mesela elbise gibi eşyalarla da cömertlik götermelidir. [175]

Bir hadiste şöyle buyrulmuştur:

"Arefe günü oruç tutmak, bir sene öncesinin ve bir sene sonrasının kefâreti olur/günahını temizler. Aşure günü orucu ise, bir senenin kefâretidir." [176]

Resûlullah [s.a.v] bir başka hadislerinde aşure gününün önemine şöyle işaret etmişlerdir:

"Eğer ramazan ayı dışında oruç tutmak istiyorsan, muharrem ayında tut! Çünkü o ayda öyle bir gün vardır ki, Allah o günde bir kavmin tövbesini kabul etmiştir. Başkalarının da tövbesini kabul eder." [177]

4. MEVLİD KANDİLİ

İnsanlığın kurtuluşu için gönderilen son ve en büyük peygamber, Peygamberimiz Hz. Muhammed [s.a.v] 571 yılında kamerî aylardan Rebîülevvel ayının 12. gecesi doğmuştur. Milâdî takvime göre ise bu, 571 yılı Nisan ayının 20'sine rastlamaktadır. Bu mübarek geceye "doğum günü" anlamında olan "Mevlid kandili" denir.

Resûlullah'ın [s.a.v] dünyaya gelmesi insanlık tarihinin en önemli olaylarından biridir. Bu gece Hz. İbrahim'in [a.s], *"Ey*

175 İbn Âbidîn, *Reddü'l-Muhtâr,* 8/478.

176 Müslim, Sıyâm, 196; Tirmizî, Savm, 46; Ibn Mâce, Sıyâm, 40.

177 Tirmizî, Savm, 40.

Rabbimiz! Onlara, içlerinden senin âyetlerini kendilerine okuyacak, onlara kitap ve hikmeti öğretecek, onları temizleyecek bir peygamber gönder" (Bakara 2/129) diye yaptığı duaya, Hz. İsa'nın, *"Ey İsrâiloğulları! Ben size Allah'ın elçisiyim, benden önce gelen Tevrat'ı doğrulayıcı ve benden sonra gelecek Ahmed adında bir peygamberi de müjdeleyici olarak geldim"* (Saf 61/6) müjdesine ve Hz. Âmine'nin rüyasına mazhar olan Muhammed Mustafa [s.a.v] dünyaya gelmiştir.

Resûlullah Efendimiz [s.a.v] dünyaya gelirken bazı olaylar meydana gelmişti. Doğuma az bir zaman kala, Hz. Âmine bir rüya gördü. Rüyasında, bedeninden çıkan bir nur, doğu ile batı arasında ne varsa hepsini aydınlatıyordu. Rüya devam ederken gönülleri okşayan hoş bir ses duymuştu Bu ses, ona doğumdan sonra yapacaklarını bildiriyordu: "Ey Âmine! Sen insanların en hayırlısına, ümmetlerin efendisine hamile oldun ... Onu dünyaya getirdiğin zaman, 'Bir ve tek olan Allah'a sığınırım!' de ve adını Muhammed koy, halini kimseye bildirme."

Hz. Âmine, doğum yaklaştıkça hârikulâde haller yaşamaya başladı. Gerçi daha önce de zaman zaman olağanüstü şeyler görüyordu. Fakat bu sefer çok daha başkaydı. Vakit geceye yaklaştıkça, doğum yapacağı hissine kapıldı ve yakın komşusu Şifa Hatun'a kendisine yardımcı olması için haber gönderdi. Şifa Hatun beraberinde birkaç kadınla birlikte Hz. Âmine'nin evine geldiler.

Hz. Âmine birden evinin içinin bir nurla kaplandığını, etrafın gündüz gibi aydınlık olduğunu farketti. Uzandığı yatağın yanında bir kâse vardı. Bu kâse nereden gelmişti, kim koymuştu, bilmiyordu. Kâsenin içinden birkaç yudum alınca içine bir ferahlığın dolduğunu hissetti. Derken güzellikleri göz alıcı bazı kadınlar geldi evine. Ama onları şimdiye kadar hiç görmemişti. Kendisi ve karnındaki yavrusu hakkında konuşuyorlar, birbirlerini ve Âmine'yi tebrik ediyorlardı. Hz. Âmine de, "Yâ Rabbi, bunlar kimlerdir acaba?" diyerek merakla, hayretle onları izliyordu.

Dünya yaratıldı yaratılalı, gelip geçen bu en hayırlı gecede, yeryüzünün her tarafında Allah'ın emriyle gerçekleşen çeşit çeşit hadiseler oluyordu. Yalnız Hz. Âmine'nin evindekiler değil, Mekke içinde, yakın kabilelerde ve dünyanın her tarafında bu haller dikkatle gözlemleniyordu.

Mecûsîler'in 1000 yıldan beri kesintisiz yaktıkları ateşleri, Resûlullah'ın [s.a.v] doğumuyla sönmüştü. Yine Hz. Muhammed'in [s.a.v] doğduğu gece Kâbe'deki putlar yüzüstü serilmişti. O zaman mukaddes sayılan Sâve gölünün de o gece bir anda suyu çekilip kuruyuvermişti.

Yahudi ileri gelenleri ve âlimleri kitaplarında daha önce rastladıkları işaret ve müjdelerin açığa çıktığını gördüler. Kimsenin haberi olmadan en önce onlar bu müjdeyi verdiler. O gece yahudi âlimleri semaya bakıp, "Şu yıldızın doğduğu gece Ahmed doğmuştur" dediler. [178]

Bir yahudi ileri geleni Mekke'de Peygamberimiz'in [s.a.v] doğduğu gece, içlerinde Hişâm ve Velîd b. Mugîre, Utbe b. Rebîa gibi Kureyş'in ileri gelenlerinin bulunduğu bir toplantıda,

- Bu gece sizlerden birinin çocuğu oldu mu, diye sordu.

- Bilmiyoruz, diye cevap verdiler. Yahudi,

- Vallahi sizin bu ihmalinizden iğreniyorum! Bakın, ey Kureyş topluluğu, size ne söylüyorum, iyi dinleyin. Bu gece, bu ümmetin en son peygamberi Ahmed doğdu. Eğer yan-

178 İbn Sa'd, *et-Tabakâtü'l-Kübrâ*, 1/60.

lışım varsa, Filistin'in kutsiyetini inkâr etmiş olayım. Onun iki küreği arasında kırmızımtırak, üzerinde tüyler bulunan bir ben var, dedi.

Toplantıda bulunanlar yahudinin sözünden hayrete düştüler ve dağıldılar. Her biri evlerine döndüğünde bu durumu ev halkına anlattılar. "Bu gece Abdülmuttalib'in oğlu Abdullah'ın bir oğlu doğdu. Adını Muhammed koydular" haberini aldılar. Ertesi gün yahudiye vardılar:

- Bahsettiğin çocuğun bizim aramızda dünyaya geldiğini duydun mu, dediler. Yahudi,

- Onun doğumu benim size haber verdiğimden önce midir, sonra mıdır, dedi. Onlar,

- Öncedir ve ismi Ahmed'dir, dediler. Yahudi,

- Beni ona götürün, dedi. Yahudi ile beraber kalkıp Hz. Âmine'nin evine gittiler, içeri girdiler. Pegamberimiz'i [s.a.v] Yahudinin yanına çıkardılar. Yahudi Peygamberimiz'in [s.a.v] sırtındaki beni görünce, bir baygınlık hali geldi, fenalaştı. Kendine gelip ayıldığında,

- Ne oldu sana böyle, dediler. Yahudi,

- Artık İsrâiloğulları'ndan peygamberlik gitti. Ellerinden kitap da gitti. Artık yahudi âlimlerinin kıymet ve itibarları da kalmadı. Araplar peygamberleriyle kurtuluşa ereceklerdir, dedi. Devamla,

- Ey Kureyş topluluğu, ferahladınız mı? Vallahi size, doğudan batıya kadar ulaşacak bir güç, kuvvet ve bir üstünlük verilecektir, dedi. [179]

Peygamberimiz'in [s.a.v] doğum yıl dönümlerinde okunan mevlidleri saygı ve huşû içinde dinlemek, onun mü-

179 Hâkim, *el-Müstedrek,* nr. 4177; İbn Receb el-Hanbelî, *Letâifü'l-Maârif*, s. 183.

barek ruhuna salât ve selâm okumak hiç şüphesiz sevgili Peygamberimiz'e [s.a.v] olan sevgi ve bağlılığın bir ifadesidir.

Bu ve diğer mübarek gecelerde kişi kendisinin, ailesinin ve tüm müslümanların selâmeti, affı ve mağfireti için dualar etmeli, kazâ namazları varsa onları kılmaya çalışmalıdır.

Mevlid Kandili Neden Önemlidir?

Resûlulah'a [s.a.v] pazartesi gününün orucu hakkında soru sorulduğunda, Peygamber Efendimiz [s.a.v], *"Ben o gün doğdum ve nübüvvet de o gün bana verildi"* buyurmuş ve bu vesileyle kendi doğumuna işaret etmiştir. Yine bununla, Allah Teâlâ'nın kullarına olan nimetlerinin yenilendiği günlerde oruç tutmanın müstehap oluşuna işaret edilmiştir. Şüphesiz, Allah Teâlâ'nın bu ümmete ihsan ettiği nimetlerin en büyüğü, Hz. Muhammed'in [s.a.v] dünyaya gelmesi ve onlara peygamber olarak verilmesidir. Nitekim âyet-i kerimede de buna işaretle şöyle buyrulmuştur:

لَقَدْ مَنَّ اللّٰهُ عَلَى الْمُؤْمِنِينَ اِذْ بَعَثَ فِيهِمْ
رَسُولًا مِنْ اَنْفُسِهِمْ يَتْلُوا عَلَيْهِمْ اٰيَاتِهِ وَيُزَكِّيهِمْ
وَيُعَلِّمُهُمُ الْكِتَابَ وَالْحِكْمَةَۚ

"Andolsun ki içlerinden, kendilerine Allah'ın âyet-lerini okuyan, (kötülüklerden ve inkârdan) kendilerini temizleyen, kendilerine kitap ve hikmeti öğreten bir peygamber göndermekle Allah, müminlere büyük bir lutufta bulunmuştur" (Âl-i İmrân 3/164).

Çünkü Hz. Muhammed'in [s.a.v] bu ümmete bir peygamber olarak gönderilmesi, göklerin, yerlerin, güneş ve ayın, rüzgârın, gece ve gündüzün yaratılmasından çok daha büyük bir nimettir. Hz. Muhammed'in [s.a.v] peygamber olarak gönderilmesiyle dünya ve ahiretin hayırları tamamlanmış, Allah'ın [c.c] kulları için razı olduğu din kemale ermiştir. Bu dini kabul etmek, insanların dinlerinin ve dünyalarının saadetine sebep olmuştur. İşte, Allah Teâlâ'nın, mümin olan kullarına nimetlerini bir nevi yenilettiği böyle bir günde, oruç ve buna benzer ibadetlerle bu günü yâdetmek gerçekten güzel bir hadisedir. Bu, nimete mukabil yapılan şükür mesabesindedir. Nitekim Nuh [a.s], tufandan kurtulduktan sonra ve Musa da [a.s] Kızıldeniz'i geçtikten sonra, şükür olarak oruç tutmuşlardır. Bu iki peygamberin oruç tutmaları aşure gününe denk gelmiştir. Resûlullah Efendimiz de [s.a.v], Hz. Nuh'a ve Hz. Musa'ya [a.s] mutabaat ederek aşure gününde oruç tutmuş, bunun önemini de sahabilerine, *"Biz Musa'ya onlardan (yahudilerden) daha yakınız"* buyurarak ifade etmiştir. [180]

İbn Abbas da [r.a] şöyle demiştir: "Resûlullah [s.a.v] pazartesi günü dünyaya geldi, ona pazartesi günü peygamberlik verildi, Mekke'den Medine'ye pazartesi günü hicret etti, Medine'ye girişi pazartesi günü oldu. Pazartesi günü de vefat etti." [181]

Şehâbeddin el-Kastallânî, İbn Hacer el-Askalânî, İbn Hacer el-Heytemî, Celâleddin es-Süyûtî gibi bazı âlimler Peygamberimiz'in [s.a.v] dünyaya gelmesi sebebi ile sevinmenin, bu gün münasebetiyle muhtaçlara yardım etmenin, Peygamberimiz'e şiirler (mevlid gibi) okumanın güzel birer amel olduğunu söylemişlerdir. [182]

---

180 İbn Receb el-Hanbelî, *Letâifü'l-Maârif*, s. 190.
181 İbn Receb el-Hanbelî, *Letâifü'l-Maârif*, s. 189.
182 Ahmet Özel, "Mevlid", *TDV İslâm Ansiklopedisi*, 29/477-478.

5. CUMA GÜNÜNÜN ve NAMAZININ FAZİLETLERİ

Cenâb-ı Hakk'ın kullarına bahşettiği sayısız lutuflarından biri de cuma günüdür. Cumayı diğer günlerden ayıran en önemli özellik, o günde cemaat halinde cuma namazının kılınmasıdır. Nitekim Cenâb-ı Hak bu konuda şöyle buyurmaktadır:

"Ey iman edenler! Cuma günü namaza çağrıldığınızda, hemen Allah'ın zikrine koşun ve alışverişi bırakın. Eğer bilirseniz bu, sizin için daha hayırlıdır. Namaz kılınınca artık yeryüzüne dağılın ve Allah'ın lutfundan nasibinizi arayın. Allah'ı çok zikredin ki kurtuluşa eresiniz" (Cuma 62/9-10). Bu âyet-i kerime, cuma vaktinin, cuma namazı kendilerine farz olanlar için bir ibadet zamanı olduğuna işaret etmektedir. Bu âyete kulak veren müminler yüce Allah'ın bu çağrısına uyarak her türlü dünyevî meşgaleyi bir tarafa bırakıp cuma namazına koşarlar. Camide hayatlarına yön verecek nasihatleri dinler, birlik ve beraberlik içerisinde yüce Mevlâ'dan af ve rahmet dilerler.

Rivayet edildiğine göre Resûlullah [s.a.v] şöyle buyurmuştur:

"Kim herhangi bir özrü olmadan üç cuma namazını kılmazsa, Allah onun kalbini mühürler." Hadisin diğer rivayetinde, *"Bu kimse, İslâm'ı arkasına atmıştır"* [183] buyrulmuştur.

Enes b. Mâlik'in [r.a] rivayet ettiği hadiste, Hz. Peygamber [s.a.v] şöyle buyurmuştur: *"Cebrâil [a.s] yanıma geldi. Avucunda beyaz bir ayna vardı.*

- Bu, cuma namazıdır; Rabb'in onu, sana ve senden sonra ümmetine bayram olsun diye farz kılmıştır, dedi.

- Bu günde bizim için ne vardır, diye sordum.

183 Müslim, Cum'a, 855; Mesâcid, 42; Ebû Davud, Salât, 210, 211; Tirmizî, Salât, 359; Nesâî, Cum'a, 2.

- O günde, pek hayırlı bir vakit vardır. Kim o zaman içerisinde, kendisi için nasip edilen bir hayrı isterse, Allah onu kendisine verir. Ama istediği şey, kendisi için takdir edilmemişse, Allah, ondan daha büyük bir nimeti kendisi için ahirete saklar. Kul kendisi için takdir edilmiş olan bir kötülükten Allah'a sığınırsa, Allah onu, ondan daha büyüğünden muhafaza buyurur. Cuma günü, meleklerin yanında günlerin en kıymetlisidir. Biz onu, ahirette yevmü'l-mezîd (ikramı çok olan gün) diye anarız, dedi."

......

Hadisin sonu şöyle bitmektedir:

"Yüce Allah, cuma günü müminler için tecelli buyurur, onlar Allah'ın cemâline nazar ederler." 184

Hz. Ali'den [r.a] rivayet edilen bir hadis-i şerifte Resûlullah [s.a.v] şöyle buyurmuşlardır:

يَجْلِسُ عَلَى كُلِّ بَابٍ مِنَ الْمَسْجِدِ يَوْمَ الْجُمُعَةِ سَبْعُونَ مَلَكًا يَكْتُبُونَ النَّاسَ بِأَسْمَآئِهِمْ حَتَّى يَكُونَ آخِرُ مَنْ يُكْتَبُ رَجُلٌ جَاءَ حِينَ جَلَسَ الْإِمَامُ عَلَى الْمِنْبَرِ فَلَمْ يُؤْذِ اَحَدًا فِي مَجْلِسِهِ وَلَمْ يَقُلْ الْآخَرَ فَذَلِكَ أَدْنَى أَهْلِ يَوْمِ الْجُمُعَةِ حَظًّا. وَذَلِكَ الَّذِى يُغْفَرُ لَهُ مَا عَمِلَ مِنَ السَّيِّئَاتِ بَيْنَ الْجُمُعَتَيْنِ.

"Cuma günü olunca mescidin kapılarında yetmiş bin melek bekleşirler. İçeri giren herkesi ismi ile kaydederler. Onlardan en son yazılan kişi, imamın minbere çıkıp oturduğu zaman gelen fakat (safları geçmek için) insanlara eziyet

184 Taberânî, *el-Mu'cemü'l-Evsat*, nr. 2105. İbn Ebû Şeybe, *Musannef*, 2/58.

etmeyen ve konuşmayandır. İşte bu, cuma günü hissesi en az olandır. Bu hisse de, onun iki cuma arasında işlemiş olduğu bütün günahlarının bağışlanmasıdır." [185]

Resûlullah [s.a.v] cuma gününün önemine bir diğer hadislerinde şöyle işaret etmişlerdir:

"Bir adam ki, cuma günü guslünü alır, mümkün olduğunca temizliğine özen gösterir, yağlanır, evindeki güzel kokularından sürünür, sonra mescide gider ve iki kişinin arasını açmadan (safların üzerinden atlamadan ve kimsenin omzuna basmadan) Allah'ın kendisine farz kıldığı namazı kılarsa; ardından da imamın hutbesini sessizce dinlerse Allah [c.c] onun iki cuma arasındaki işlemiş olduğu günahları bağışlar." [186]

Resûlullah [s.a.v] cuma namazına giderken bile ibadet sevabı kazanılacağını buyurmuşlardır:

"Cuma günü gusletmek günahlara kefârettir. Her kim (ihlâslı bir şekilde, sevabını Allah'tan umarak) cumaya giderse, her adımı için yirmi senelik amel sevabı verilir." [187]

Rivayet olunduğuna göre, Resûlullah [s.a.v] cuma gecesi akşam namazında "Kâfirûn" ve "İhlâs" sûrelerini okurdu. Yatsı namazında ise, "Cum'a" ve "Münâfikûn" sûrelerini kıraat buyururdu. Bu iki sûreyi cuma namazında da okuduğu rivayet olunmuştur. Cuma günü, sabah namazlarında "Secde, Lokman ve İnsan" sûrelerini okurlardı. [188]

---

185 Ahmed b. Hanbel, *el-Müsned,* 2/239; aynı konudaki hadisler için bk. Begavî, *Şerhu's-Sünne,* nr. 1061–1062; Tahâvî, *Şerhu Müşkilü'l-Âsâr,* 3/248; Hatîb et-Tebrizî, *Mişkât,* nr. 1384.

186 Ahmed b. Hanbel, *el-Müsned*, 5/438.

187 Beyhakî, *Fezâilü'l-Evkât,* s. 495; İbn Hacer el-Askalanî, *el-Metâlibü'l-Aliyye,* nr. 584-585.

188 bk. Müslim, Cum'a, 61-66; Ebû Davud, Salât, 243; Tirmizî, Salât, 257, 267; Nesâî, Cum'a, 28, 29.

Cuma Günü Oruç Tutmak

Resûlullah Efendimiz'in [s.a.v] değişik zamanlarda tuttuğu oruçlardan biri de cuma günü tuttuğu oruçtur. Ancak bunu, ya bir önceki ya da bir sonraki günü ile bağlayarak tutmuştur. Nitekim bir hadislerinde,

لاَ يَصُومُ أَحَدُكُمْ يَوْمَ الْجُمُعَةِ إِلاَّ أَنْ يَصُومَ
قَبْلَهُ يَوْمًا اَوْ بَعْدَهُ يَوْمًا

"Sizden biriniz cuma günü oruç tutacaksa, onu ya bir önceki günü ya da bir sonraki günü ile birlikte tutsun." [189]

Bu itibarla âlimler, hiçbir sebep olmaksızın tek başına cuma günü oruç tutmanın mekruh olacağını söylemişlerdir.

Cuma Günü Yapılan Dualar Kabul Olur

Muhammed b. Ebû Bekir, *Usfûrî* olarak da bilinen *Kırk Hadis* adlı eserinde, cuma gününün önem ve faziletini zikrederken şu kıssaya da yer vermiştir:

Mâlik b. Dînâr [rh.a] zamanında ateşe tapan, büyüğü yetmiş üç, küçüğü ise otuz beş yaşlarında iki Mecûsî kardeş vardı. Bir gün küçük kardeş büyüğüne,

Abi! Acaba kendisine senelerce ibadet ettiğimiz bu ateş, kendisine ibadet etmeyenleri yaktığı gibi bizi de yakacak mı yoksa ona ibadet etmemiz sebebiyle yakmayacak mı? Gel, bir deneyelim, dedi. Beraberce yaktıkları bir ateşin yanına geldiler. Küçük kardeş büyüğüne,

- Ateşe önce elini sen mi koyacaksın yoksa ben mi, diye sordu. Büyüğü,

189 Buhârî, Savm, 63.

- Önce sen koy, dedi. Küçük kardeş elini ateşe koyar koymaz "Ahh!.." diye bir feryat kopardı ve hemen elini çekerek,

- Otuz beş senedir sana ibadet etmekteyiz fakat sen hâlâ bize eziyet etmektesin, dedi ve abisine dönerek,

- Abi, haydi gidelim. Bundan sonra bir olan Allah'a; istiğfarımızla bizleri bağışlayacak olan yüce Rabb'e ibadet edelim, dedi. Abisi,

- O zaman bizi doğru yola iletecek İslâm dinini öğretecek birine gidelim, dedi. Böylece Mâlik b. Dînâr'ın [rh.a] yanına; ona hallerini arzedip, İslâm dinine girmek için Basra'ya gitmeye karar verdiler.

Mâlik b. Dînâr'ı [rh.a] Basra'nın kenar mahallelerinin bir köşesinde, etrafına toplanmış insanlara öğüt ve nasihatte bulunurken buldular. Onu gördükten sonra büyük kardeş küçüğüne,

- Ben müslüman olmaktan vazgeçtim. Çünkü ömrümün çoğunu ateşe taparak geçirdim. Şu saatten sonra müslüman olursam ailem ve çevrem beni ayıplar. Bunun altından kalkamam. Ailemin ve çevremin ayıplamasındansa ateşi tercih ederim, dedi. Küçük kardeş,

- Abi, böyle yapma! İnsanların seni ayıplaması geçicidir. Fakat cehennem ateşi ebedîdir; asla tükenmez, dediyse de kardeşinin dediklerini duymazdan gelen büyük kardeş, müslüman olmadan geri döndü. Küçük kardeş, hanımı ve çocukları ile beraber insanların arasına katılarak sohbeti dinlemeye başladı. Mâlik b. Dînâr [rh.a] sohbetini bitirir bitirmez Mecûsî adam çocuklarıyla beraber kalkarak Mâlik b. Dînâr'ın [rh.a] önüne oturdular. Ona hallerini anlatıp Müslüman olmak istediklerini bildirdiler. Mâlik b. Dînâr [rh.a] kısaca İslâmiyet'i anlattıktan sonra onlara kelime-i şehadeti söyletti. Orada bulunan ve bu olaya tanık olan herkes ağladı. Küçük kardeş müslüman olduktan sonra evine dönmek istedi. Mâlik b. Dînâr [rh.a],

- Otur, burada bulunan arkadaşlarımdan sana dünyalığın için bir şeyler toplayalım, dediyse de adam kabul etmedi ve,

- Dinimi dünyalık ile satın almak istemiyorum, diyerek oradan ayrıldı.

Müslüman oluşundan dolayı eski köyüne dönemeyen adam, ailesiyle beraber harabelerin olduğu bir yere gelip müsait bir eve yerleştiler. Ertesi gün sabah olunca hanımı,

- Çarşıya çıkıp bir iş bul ve çalış, kazandığın parayla bir şeyler al da karınlarımızı doyuralım, dedi. O gün çarşıya çıkan adam çalışacak hiçbir iş bulamadı. Bir köşeye çekilip kendi kendine,

- O zaman ben de Allah için çalışırım, dedi ve harabeler arasında artık yıkılmak üzere olan, kimsenin gelmediği bir mescide girdi. Burada akşam olana kadar Allah'a ibadet etti.

Akşam eve ellerini bomboş olarak döndüğünü gören hanımı,

- Bugün çalışacak bir iş bulamadın mı, deyince adam,

- Hanım, bugün bir Melik'in yanında çalıştım, ama ücretimi vermedi, belki yarın verir, dedi. Geceyi aç olarak geçirdiler. Ertesi gün olunca adam sabah erkenden evden çıktı ama çalışacak hiçbir iş bulamadı. Aynı mescide giderek akşama kadar ibadet etti.

Akşamüzeri elleri bomboş olarak eve dönünce hanımı,

- Yine mi çalışacak bir iş bulamadın, dedi. Adam,

- Hanım! Bugün yine dünkü çalıştığım Melik için çalıştım, ama ücretimi vermedi. Yarın günlerden cuma, belki verir, dedi ve o gece de aç yattılar. Ertesi gün adam iş bulma ümidiyle yine çarşıya gitti. Ancak kimse ona iş vermedi. Bunun üzerine tekrar aynı mescide gitti. İki rekât namaz kıldı ve şöyle dua etti:

"Ey Allahım! Sen bize İslâm dinini ikram ettin ve bizi hidayete erdirdin. Bize ihsan ettiğin şu dinin hürmetine, katında kadri kıymeti pek büyük olan bu cuma gününün hürmetine, kalbimden aileme yetiştirmek zorunda olduğum nafaka meşgalesini çıkar! Bizi hiç ummadığımız bir yerden rızıklandır! Yemin olsun ki, artık çoluk çocuğumun yanına varmaktan, onların yüzüne bakmaktan utanır oldum. Onların henüz yeni girmiş oldukları İslâm dinine karşı kalplerinin soğumasından korkuyorum."

Duasını bitirdikten sonra bir müddet daha namaz kılmaya devam etti. En son iki rekât daha kılarak cuma namazını kılmak için bu harabe mescidden ayrıldı. O esnada evdeki çocuklarına çok şiddetli açlık sıkıntısı bastırmıştı ki kapıyı biri çaldı. Kapıyı açan hanımı, elinde, üzeri mendille örtülü bir tabak bulunan, güzel yüzlü bir gençle karşılaştı. Kapıya gelen genç,

- Ey kadın, bu tabağı al ve kocana şu dediklerimi söyle: "Bu senin iki günlük çalışmanın karşılığıdır. Çalışmanı artır ki biz de ücretini artıralım. Özellikle de bu gün yani cuma gününde çok çalışsın. Çünkü bu günde yapılan az bir çalışma Melikü'l-Cebbâr'ın (Allah) yanında kat kat fazlasıyla verilir."

Tabağı alan kadın, mendili kaldırdığında altınlarla dolu olduğunu gördü. Hemen içinden bir tanesini alarak sarrafa gitti. Hıristiyan sarraf, o dinarı alıp tartınca kendi emsallerinin iki kat ağırlığında olduğunu gördü ve şaşırdı. Altının üzerindeki işlemelere şöyle bir baktı; bu nakışların dünyada yapılamayacağını farketti. Kadına,

- Bu altını nereden buldun, diye sordu. Kadın olan biteni anlattıktan sonra sarraf,

- Bana müslüman olmayı öğret, dedi. Kadın ona kelime-i şehadeti telkin etmek suretiyle İslâm'ı öğretti. Sarraf kadına 2000 dirhem infak ederek,

- Şayet bunlar biterse bana haber ver, sana daha fazlasını göndereyim, dedi.

Bu arada cuma namazını kılan adam, camiden çıkınca mendilini yere sererek bir yandan toprak dolduruyor, bir yandan da kendi kendine,

- Eli boş dönmeyeyim. Şayet hanım elindeki ne diye sorarsa ben de "un" derim, diye söyleniyordu. Mendiline koyduğu birkaç avuç toprakla evine gelen adam, her bir yerin düzenlenmiş, güzel örtülerle örtülmüş, halı ve kilimlerle döşenmiş olduğunu gördü. Ayrıca içeriden güzel güzel yemek kokuları da gelmekteydi. Hanımı sormasın, mendilin içindekinin ne olduğunu bilmesin diye içi toprak dolu mendilini kapının eşiğine bıraktı ve içeri girdi. Eşine olan bitenden ve evde gördüğü bu şeylerden sordu. Hanımı her şeyi anlatınca hemen secdeye kapandı ve Allah'a şükretti. Hanımı,

- Getirdiğin mendilin içinde ne var, diye sordu. Adam,

- Sakın açma, dediyse de hanımı hemen giderek mendili aldı ve açtı. Allah'ın izniyle topraklar un olmuştu. Adam ikinci kez secdeye vardı ve ağlamaya başladı. Bu çift tâ ki vefat edinceye kadar Allah'a ibadetten asla ayrılmadılar.

Bu fakih şöyle der: "Ey müslümanlar! Ellerinizi gökyüzüne kaldırın ve, 'Ey Rabbimiz! Şu cuma gününün hürmetine günahlarımızı bağışla, üzüntü ve kederlerimizi gider!' diye dua edin. Bu genç Allah Teâlâ'ya dua etti. O'ndan, cuma gününün hürmetine hacetinin giderilmesini istedi. O da onu ve ailesini hiç ummadığı bir yerden rızıklandırdı. Ey müslümanlar, biz de cuma günü olunca bu gencin duası gibi dua edelim. Umulur ki Allah dualarımızı kabul eder, hacetimizi giderir. Çünkü O, çok şefkatli ve kerem sahibidir. [190]

6. PAZARTESİ ve PERŞEMBE ORUÇLARI

Ebû Katâde el-Ensârî'nin [r.a] rivayet ettiğine göre, bir kimse Resûlullah'ın [s.a.v] yanına gelerek pazartesi günü orucunu sordu. Resûl-i Ekrem [s.a.v] bu günde oruç tutmanın önemine, *"Evet, o gün ben dünyaya geldim ve yine o günde Kur'an bana indirilmeye başlandı"* [191] diye cevap vermiştir.

Resûl-i Ekrem [s.a.v] pazartesi ve perşembe günleri oruç tutmanın sebep ve faziletini şöyle belirtmiştir:

"O iki gün amellerin âlemlerin Rabbi'ne arzedildiği gündür. Ben amellerimin oruçlu bir şekilde Allah'a arzedilmesinden hoşlanırım." [192]

Kudâme b. Maz'ûn'un âzatlısı anlatıyor: Üsâme b. Zeyd'in [r.a] âzatlısı Harmele [r.a], Vâdilkurâ denilen yerdeki mallarına bakmak için gidiyordu. Bu yolculuk esnasında ben de ona arkadaşlık ettim. Pazartesi ve perşembe günleri oruç tutuyordu. Ben ona,

- Yaşın ilerlemiş ve bedenin de zayıflamış; buna rağmen hâlâ oruç mu tutuyorsun, dedim. O bana,

---

190 Muhammed b. Ebû Bekir, *Usfûrî,* 6. Hadis.

191 Ahmed b. Hanbel, *el-Müsned,* 5/299; İbn Huzeyme, *Sahîh,* 3/299.

192 Ahmed b. Hanbel, *el-Müsned*, 5/199.

- Evet, çünkü Resûlullah [s.a.v] pazartesi ve perşembe günleri oruç tutardı. Resûl-i Ekrem'e [s.a.v], "Yâ Resûlallah! Siz pazartesi ve perşembe günü oruç mu tutuyorsunuz?" demiştim, *"Evet, çünkü ameller pazartesi ve perşembe günleri arzedilir"* buyurmuştu. [193]

Ebû Hüreyre'nin [r.a] rivayet ettiğine göre, Resûlullah [s.a.v] şöyle buyurmuştur:

تُفْتَحُ أَبْوَابُ السَّمَاءِ فِى كُلِّ إِثْنَيْنِ وَخَمِيسٍ فَيُغْفَرُ
لِكُلِّ عَبْدٍ لاَ يُشْرِكُ بِاللّٰهِ شَيْئًا إِلاَّ امْرُأً بَيْنَهُ وَبَيْنَ أَخِيهِ
شَحْنَاءُ فَيُقَالُ انْتَظِرُوا هَذَيْنِ حَتَّى يَصْطَلِحَا

"Cennetin kapıları pazartesi ve perşembe günü açılır ve Allah'a ortak koşmamış herkesin günahı bağışlanır. Ancak-kendisiyle mümin kardeşi arasında dargınlık ve düşmanlık olanların günahı bağışlanmaz ... Nitekim onlara, 'Barışıncaya dek onları bekleyin' denilir." [194]

7. MÜBAREK GÜN ve GECELERDE KILINABİLECEK NAMAZLAR

Farz ibadetler kadın erkek her müslüman tarafından yapılması zorunlu ibadetlerdir. Nâfile ibadetler ise herkesin gücü yettiği nisbette zorlanmaksızın yapabileceği ibadetlerdir. Nâfile ibadetler insanda kulluk bilincini artırır, ibadet hayatını kuvvetlendirir. Maneviyatının yücelmesine sebep olur. Onu Allah'a daha yakın ve daha sevgili kılar. Nebî

193 Ahmed b. Hanbel, *el-Müsned,* 5/204-205; Beyhakî, *es-Sünenü'l-Kübrâ,* 4/293; *Fezâilü'l-A'mâl,* s. 517.

194 Buhârî, *Edebü'l-Müfred*, nr. 411; Müslim, Birr, 35; Ebû Davud, Edeb, 55.

[s.a.v] bir hadislerinde nâfile ibadetlerin önemine şöyle işaret buyurmuştur:

مَنْ عَادَى لِى وَلِيًّا فَقَدْ آذَنْتُهُ بِالْحَرْبِ وَمَا تَقَرَّبَ إِلَىَّ عَبْدِى بِشَىْءٍ أَحَبَّ إِلَىَّ مِمَّا افْتَرَضْتُ عَلَيْهِ وَمَا يَزَالُ عَبْدِى يَتَقَرَّبُ إِلَىَّ بِالنَّوَافِلِ حَتَّى أُحِبَّهُ فَإِذَا أَحْبَبْتُهُ كُنْتُ سَمْعَهُ الَّذِى يَسْمَعُ بِهِ وَبَصَرَهُ الَّذِى يُبْصِرُ بِهِ وَيَدَهُ الَّتِى يَبْطُشُ بِهَا وَرِجْلَهُ الَّتِى يَمْشِى بِهَا وَإِنْ سَأَلَنِى لَأُعْطِيَنَّهُ وَلَئِنْ اسْتَعَاذَنِى لَأُعِيذَنَّهُ

"Kim benim velilerimden birine düşmanlık yaparsa, ben ona karşı harp açarım/ondan dostumun intikamını alırım. Bir kulum farz kıldığım amelleri yaparak bana yaklaştığı gibi, hiçbir şeyle bana yaklaşamaz. Kulum nâfile ibadetleri ile de devamlı bana yaklaşır. Nihayet onu severim.

Ben bir kulumu sevdiğim zaman, (kendisine vereceğim özel nurum ile) onun işiten kulağı, konuşan dili, gören gözü, tutan eli, yürüyen ayağı, anlayan kalbi olurum. O artık benimle işitir, benimle konuşur, benimle görür, benimle tutar, benimle yürür, benimle anlar. Benden bir şey isterse, istediğini veririm; bana sığınırsa kendisini korurum."[195]

Gavs-ı Bilvânisî Seyyid Abdülhakim el-Hüseynî [k.s] bir sohbetlerinde, haramlardan sakınmak ve özellikle ibadetlere dikkat etmek gerektiğini şöyle anlatmıştır:

195 Buhârî, Rikâk, 38; İbn Mâce, Fiten, 16; Begavî, *Şerhu's-Sünne,* 1/142; Beyhakî, *Kitâbü'z-Zühd*, nr. 696-700; Taberânî, *el-Mu'cemü'l-Kebir,* nr. 7880.

Devir zahmet devridir. Onun için imanı kurtarmak için çok çalışmak lazımdır. Bugün insanlar, Allah'tan yüz çevirmiş, pek çoğu namazına, orucuna dikkat etmiyor, haram yediğine bakmıyor, dedikodu yapıyor, Allah'ın emirlerine itaatsizlik yaygınlaşıyor, neredeyse İslâmî yaşantı yok olacak. İsim olarak müslüman çok ama yaşantı azalmış!... İmanı kâmil olan insan Allah'ın emrine nasıl itaatsizlik edebilir? İslâmlık sadece isimle olmaz. Allah Teâlâ insanın niyetine bakar. İnsanın yaptığı ibadetlerine sevap verir. İnsanın itikadına önem verir. Eğer bunlar yoksa ismin ne önemi olabilir?

Ben Allah'ı seviyorum, diyen kimse O'nun gösterdiği yolda gitmiyorsa yalancıdır. Allah'ı seven O'nun yolunda yürür. Allah'ı gerçekten seviyorum diyen insan, Peygamber Efendimiz'in [s.a.v], sünnetine uygun hareket eder.

Olgun müminin özelliği şudur: Bir mümin herhangi bir günah işleyeceği zaman, imanı günahına mani olur. Mesela birine kötülük yapacağı sırada, bu kötülüğü yapmazsa, yapabilecek güçte iken kendini tutabiliyorsa o kişi, kâmil iman sahibidir. Gerçekten Allah'ı seven kişi, emrine itaat eder. Ben filancayı seviyorum, diyen kimse, o kişinin sözünü kırmaz; kırıyorsa samimi değildir.

İnsan ömrü çok kısadır, kısacıktır. Bugün insanoğlunun ömrü ortalama altmış yıl kabul edersek, bunun on beş senesi zaten çocuklukla geçiyor, yarısı da geceleyin uyuyarak bitiyor, geriye kalan ne ki? Bunu da insan hırs, tamah ve nefsanî istekler için harcarsa bu dünyadan eli boş gider.

Onun için insan, yapacağı işlerde çok dikkatli olmalıdır. Niyetini Allah rızası için düzeltmelidir. İşte sâdât-ı kirâm önce müridinin niyetini düzeltiyor. Bakınız Şah-ı Hazne [k.s] ne diyor:

- Yaptığım her işte önce niyetimi Allah'ın rızasına uygun hale getiririm. Sonra işimi yaparım.

Kazâ Namazları

Bir namazı vaktinde kılmaya "eda", vaktinden sonra kılmaya da "kazâ" denir. Vaktinde kılınmamış olan beş vakit farz namazların kazâsı farzdır. Vitir namazının kazâsı ise vâciptir. Sünnetlere gelince: Bir sabah namazı, sünneti ile beraber kaçırılınca, o günün güneş doğuşundan (kerâhet vaktinin çıkışından) sonra istivâ zamanına kadar (güneşin tam tepe noktasında olma durumu) bu sünnet farz ile beraber kazâ edilir. İstivâdan sonra sünnet kazâ edilmez.

Bir namazı özürsüz yere kazâya bırakmak büyük günahtır (kebiredir). Bu namaz kazâ edilerek yerine getirilmiş olur. Fakat bunun geciktirilmesinden dolayı meydana gelen günahın bağışlanması için tövbe etmek ve Allah'tan af dilemek lazımdır. Herhangi bir bahaneyle namazı geciktirip kazâya bırakmaktan son derece sakınmalıdır. Çünkü bunun günahı çok büyüktür. İnsan, gerek Yaratıcı'sına karşı ve gerekse insanlara karşı olan borçlarını bir an önce ödemeye çalışmalıdır. Hayatın süresi belli, çok azdır. Borçlarını ödemeden ahirete gidenlerin hallerine ne kadar acınsa azdır.

Kazâya kalan namazlar çok olunca, bunların her birini belirleyerek niyet edilmesi gerekmez. Çünkü bunda güçlük vardır. Onun için şöyle niyet edilmesi uygun olur: "İlk veya son kazâya kalmış ... (hangi vakit namazı kazâ ediyorsa) namazını kılmaya."

Bir kimse, ne kadar namazı kazâya kaldığını bilmese, kuvvetli olan görüşe göre hareket eder. Üzerinde kazâ namazı kalmadığına kanaat getirinceye kadar kazâ namazı kılar.

Kazâ namazlarının belli vakitleri yoktur. Üç kerâhet vakti dışında, istenilen her vakitte kazâ namazı kılınabilir.

Örneğin, kazâya kalmış bir öğle namazı, akşamdan sonra kılınabileceği gibi, bir akşam namazı da öğleden önce veya sonra kılınabilir.

Teheccüd Namazı

Yatsı namazından sonra daha uyumadan veya bir miktar uyuduktan sonra kılınacak nâfile namaza "salât-ı leyl" (gece namazı) denir. Bunun sevabı pek çoktur. Bir miktar uyuduktan sonra kalkılıp kılınırsa "teheccüd" adını alır. Peygamber Efendimiz [s.a.v] teheccüd namazına devam ederlerdi. Teheccüd namazı iki rekâttan sekiz rekâta kadardır. Her iki rekâtta selâm verilerek kılınması daha faziletlidir. Şâfiî mezhebinde sahih olan görüşe göre teheccüd namazı on iki rekâttır.

Teheccüd namazına kalkabilmek için öğlen kaylule uykusuna yatmak sünnettir. Kaylule uykusu aynen oruç tutmak isteyen kişinin sahura kalkmasına benzetilmiştir. Nasıl ki sahur kişinin oruç tutumasını kolaylaştırıyorsa ve bunun yanında ibadet sevabı varsa aynen kaylule uykusu da öyledir. Nitekim Resûl-i Ekrem [s.a.v] bir hadislerinde, *"Gece ibadetine kalkabilmek için kaylule yapınız (ondan istifade ediniz)"* [196] buyurmuştur.

Teheccüd namazına kalkmanın fazileti hakkında Resûl-i Kibriyâ Efendimiz [s.a.v], *"Her kim geceleyin uyanır, hanımını da uyandırır, iki rekât namaz kılarsa, yüce Allah'ı çok zikreden erkeklerden ve kadınlardan sayılırlar"* buyurmuştur. [197]

---

196 Ali el-Müttakî, *Kenzü'l-Ummâl,* nr. 21485; Beyhakî, *Şuabü'l-İmân,* nr. 7603.

197 Ebû Davud, Salât, 307 (nr. 1309); İbn Mâce, İkametü's-Salât, 214 (nr. 1335.)

Bir kimse âdet haline getirdiği bir teheccüd namazını özür olmaksızın terketmemelidir. Hadis-i şerifte buyruldu ki: *"Allah Teâlâ katında amellerin en sevimlisi, az bile olsa, devamlı olanıdır."* [198]

Mevlânâ Halid'in [k.s] halifesi Şeyh Süleyman Bağdâdî [k.s] (v. 1234/1818), tarikat âdâbı hakkında yazmış olduğu *Hadîkatü'n-Nediyye* adlı eserinde, sâdât-ı Nakşibendiyye'nin teheccüd namazı hakkındaki uygulamalarını şöyle anlatmıştır: "Şâfiî mezhebinde sahih olan kavle göre, teheccüd namazı on iki rekâttır. Nakşibendî büyükleri, teheccüd namazını bütün rekâtlarında Fatiha'dan sonra Yâsîn sûresini okuyarak kılarlardı. Eğer kişinin buna gücü yetmezse namazı sekiz rekât olarak kılar. Bunu da sâdâtlar şu şekilde yaparlardı: İlk rekâtta Fatiha'dan sonra Yâsîn sûresinin 12. âyetine kadar okunur. İkinci rekâtta, 12. âyetten 21. âyetine kadar okunur. Üçüncü rekâtta, 21. âyetten 32. âyete kadar okunur. Dördüncü rekâtta, 32. âyetten 40. âyete kadar okunur. Beşinci rekâtta, 40. âyetten 50. âyete kadar okunur. Altıncı rekâtta, 50. âyetten 61. âyete kadar okunur. Yedinci rekâtta, 61. âyetten 71. âyete kadar okunur. Sekizinci rekâtta ise sûrenin sonuna kadar okunur. Geriye kalan dört rekâtta ise ikişer ikişer kılmak üzere, Kâfirûn ve İhlâs sûreleri okunarak kılınır. Namaz bittikten sonra şu meşhur dua okunur:

اَللَّهُمَّ اجْعَلْ فِى قَلْبِى نُوراً وَفِى لِسَانِى نُوراً وَاجْعَلْ
فِى سَمْعِى نُوراً وَاجْعَلْ فِى بَصَرِى نُوراً وَاجْعَلْ مِنْ
خَلْفِى نُوراً وَمِنْ أَمَامِى نُوراً وَاجْعَلْ مِنْ فَوْقِى نُوراً
وَمِنْ تَحْتِى نُوراً اَللَّهُمَّ أَعْطِنِى نُوراً

198 Müslim, Müsâfirîn, 218; Ahmed b. Hanbel, *el-Müsned,* 6/165; Ali el-Müttakî, *Kenzü'l-Ummâl,* 2615. .

'Allâhümmec'al fî kalbî nûran ve fî lisânî nûran, vec'al fî sem'î nûran, vec'al fî basarî nûran, vec'al min halfî nûran, ve min emâmî nûran, vec'al min fevkî nûran ve min tahtî nûran. Allahümme a'tinî nûran.'

Allahım! Kalbime nur ver, dilime nur ver, kulağıma nur ver, gözüme nur ver. Arkamdan nur ver, önümden nur ver, üstümden nur ver, altımdan nur ver. Allahım, bana nur ver." [199]

Mevlânâ Halid hazretlerinden [k.s] sonra gelen Nakşibendî yolunun büyükleri, teheccüd namazındaki bu âdâbı aynen uygulamışlardır. Günümüzde de Gavs-ı Sânî hazretleri [k.s], gerek evinde kıldığı gerekse ramazan ayının son on beş gününde cemaate kıldırdığı teheccüd namazlarındaki bu âdâbı aynen devam ettirmektedir.

Teheccüde Kalkmanın Âdâbı

İnsan uyuyacağı vakit gece namazına kalkmaya niyet etmelidir. Ebü'd-Derdâ [r.a] Resûlullah'ın [s.a.v] şöyle buyurduğunu rivayet eder: *"Her kim geceleyin kalkıp namaz kılacağı niyeti ile yatağına girerse, sabaha kadar uyanamayacak olsa bile, niyeti onun için yazılır, uykusu da Rabb'i tarafından ona bir sadaka olur ..."* [200]

Kişi teheccüd için kalktığında mümkünse misvak kullanmalıdır. Huzeyfe'den [r.a] rivayet edildiğine göre Hz. Peygamber [s.a.v] geceleyin teheccüd için kalktığı zaman misvak ile ağzını misvaklardı.

Teheccüde, kısa sûrelerle okunan iki rekât ile başlanması müstehaptır. Hz. Peygamber [s.a.v] böyle yapmış ve böyle tavsiye etmiştir.

199 Allâme Muhammed b. Süleyman el-Bağdâdî, *el-Hadîkatü'n-Nediyye fi't-Tarîkati'n-Nakşibendiyye ve'l-Behcetü'l-Hâlidiyye,* s. 90. Dua için bk. Buhârî, Daavât, 10; Müslim, Salâtü'l-Müsâfirîn, 181; Tirmizî, *Şemâil,* nr. 258.

200 Nesâî, Kıyâmü'l-Leyl, 63.

Ebû Hüreyre [r.a] Resûl-i Ekrem'in [s.a.v] şöyle buyurduğunu rivayet etmektedir: *"Sizden herhangi bir kimse geceleyin (namaza) kalktığı takdirde namazına pek uzun olmayan iki rekât ile başlasın."* [201]

Bir kimse teheccüde bu şekilde başladıktan sonra ikişer ikişer kılmaya devam eder.

Teheccüde kalkan kişinin eşini uyandırması güzeldir. Ebû Hüreyre'den [r.a] rivayet edilen bir hadis-i şerifte Peygamber Efendimiz [s.a.v] şöyle buyurmuştur: *"Geceleyin kalkıp namaz kılan ve hanımını uyandırarak ona da kıldıran, şayet kalkmak istemezse yüzüne su serpen erkeğe Allah rahmet eder (günahlarını bağışlar). Yine geceleyin kalkıp namaz kılan ve kocasını uyandıran, kalkmak istemezse yüzüne su serpen kadına da Allah rahmet eder (günahlarını bağışlar)."* [202]

Teheccüd namazı, tıpkı farz namazlar gibi hatalara kefârettir. Tirmizî'de Hz. Bilâl'den [r.a] Resûlullah'ın [s.a.v] şöyle buyurduğu rivayet edilir: *"Gece namazını kılmaya devam edin. Çünkü bu, sizden önceki salih kişilerin geleneğidir. Ayrıca gece namazı Allah Teâlâ'ya yakınlaşma vesilesi olduğu gibi günahlardan uzaklaşmayı, kötülüklere kefâret ve hastalıkların bedenden kovulmasını temin eder."* [203]

Şeyh Fethullah Verkânisî [k.s] der ki: "Mürid gece namazına kalktığında kendisine, ailesine ve bütün müslümanlara dua etmelidir ki, melekler de o kişiye aynısıyla mukabelede bulunsunlar."

---

201 Müslim, Müsâfirîn, 198.

202 Ebû Davud, Salâtü't-Tatavvu', 18

203 Tirmizî, Daavât, 102; Hâkim, *el-Müstedrek*, 1/308.

İstihâre Namazı

İnsan kendi hakkında bir şeyin hayırlı olup olmadığına dair bir işarete kavuşmak isterse, yatacağı zaman iki rekât namaz kılar. Bu namaza istihâre namazı denir. Birinci rekâtta "Kâfirûn" sûresini, ikinci rekâtta da "İhlâs" sûresini okur. Namaz sonunda istihâre duasını yapar. Sonra da abdestli olarak kıbleye yönelip yatar.

Sa'd b. Ebû Vakkâs'tan [r.a] Resûlullah'ın [s.a.v] şöyle buyurduğu rivayet edilir: *"Âdemoğlunun Allah'tan hayır dilemesi (istihâresi) saadetindendir. Allah'ın hükmüne razı olması da saadetindendir. Allah'tan hayır istemeyi terketmesi ise onun bedbaht olmasındandır. Allah'ın hükmüne razı olmaması da âdemoğlunun bedbahtlığındandır."* [204]

Bir diğer hadislerinde, *"İstihâre yapan zarar etmez, istişare eden pişman olmaz, iktisatlı davranan kimse de muhtaç duruma düşmez"* [205] buyurmuşlardır.

İstihâre duası Peygamber Efendimiz'den [s.a.v] şöyle rivayet edilmiştir:

اَللّٰهُمَّ إِنِّى أَسْتَخِيرُكَ بِعِلْمِكَ وَأَسْتَقْدِرُكَ بِقُدْرَتِكَ

وَأَسْئَلُكَ مِنْ فَضْلِكَ الْعَظِيمِ فَإِنَّكَ تَقْدِرُ وَلاَ أَقْدِرُ وَتَعْلَمُ

وَلاَ أَعْلَمُ وَأَنْتَ عَلاَّمُ الْغُيُوبِ اَللّٰهُمَّ إِنْ كُنْتَ تَعْلَمُ أَنَّ هَذَا

الْأَمْرَ خَيْرٌ لِى فِى دِينِى وَمَعَاشِى وَعَاقِبَةِ أَمْرِى عَاجِلِ

أَمْرِى وَآجِلِهُ فَاقْدِرْهُ لِى وَيَسِّرْهُ لِى ثُمَّ بَارِكْ لِى فِيهِ وَإِنْ

204 Tirmizi, Kader, 15; Ahmed b. Hanbel, *el-Müsned*, 1/167.

205 Ali el-Müttakî, *Kenzü'l-Ummâl*, nr. 21532.

كُنْتَ تَعْلَمُ أَنَّ هٰذَا الْأَمْرَ شَرٌّ لِي فِي دِينِي وَمَعَاشِي وَعَاقِبَةِ أَمْرِي عَاجِلِ أَمْرِي وَآجِلِهِ فَاصْرِفْهُ عَنِّي وَاصْرِفْنِي عَنْهُ وَاقْدُرْ لِيَ الْخَيْرَ حَيْثُ كَانَ ثُمَّ رَضِّنِي بِهِ

"Allahümme, innî estehîruke bi-ilmike ve estakdiruke bi-kudretike ve es'elüke min fadlike'l-azîmi. Feinneke takdiru ve lâ akdiru ve ta'lemü ve lâ a'lemü ve ente allâmü'l-guyûbi. Allahümme in künte ta'lemü enne hâze'l-emre hayrun lî fî dînî ve meâşî ve âkıbeti emrî -âcilü emrî ve êcilühü- fakdirhu lî ve yessirhu lî sümme bârik lî fîhi. Ve in künte ta'lemu enne hâze'l-emre şerrun lî fî dînî ve meâşî ve âkıbeti emrî -âcilü emrî ve âcilühü- fasrifhu annî vasrifnî anhu vakdür liye'l-hayra haysü kâne sümme raddinî bihi."

Anlamı: "Allahım! Senin ilmine danışıyor ve senin kudretinden yardım diliyorum. İstediğimi de senin büyük fazlından istiyorum. Senin her şeye gücün yeter, benim ise hiçbir şeye gücüm yetmez. Sen her şeyi bilirsin, ben ise hiçbir şey bilmem. Sen bütün gizlilikleri bilensin.

Allahım! Eğer bu iş (burada işini zikreder) benim dünya ve ahiret kazancım adına, başlangıcı ve neticesi itibariyle hayırlı ise ve sen bunu böyle biliyorsan, o işi benim için takdir buyur, kolaylaştır ve sonra da onda, benim için bereket kıl. Ve yine sen biliyorsun ki, bu iş benim din, dünya ve ahiretim hesabına başında veya sonunda hayırsızsa, onu benden uzaklaştır, beni de ondan uzak tut. Hakkımda ne hayırlıysa bana onu takdir et. Sonra da takdirine beni hoşnut eyle ..."

Hâcet Namazı

Ahirete veya dünyaya ait bir dileği bulunan kimse, güzelce abdest alır ve bir rivayete göre dört, diğer bir rivayete göre on iki rekât namazı yatsıdan sonra kılar. Sonra yüce Allah'a hamdeder, Peygamber Efendimiz'e de [s.a.v] salât ve selâmda bulunur. Ondan sonra hâcet duasını okuyup o işin olmasını Cenâb-ı Hak'tan diler.

Hâcet namazının birinci rekâtında Fâtiha sûresinden sonra üç defa Âyetü'l-kürsî, diğer üç rekâtında da birer Fâtiha ile birer İhlâs ve Muavvizeteyn (Nâs ve Felak) sûreleri okunması hakkında bir hadis-i şerif vardır.

Resûlullah [s.a.v] şöyle buyurmuşlardır: *"Kimin Allah'tan veya insanlardan bir dileği varsa, şartlarına uygun, güzel bir abdest alsın, sonra iki rekât namaz kılsın, sonra Allah'a hamdü senâ etsin, Resûlü'ne salât ve selâm getirsin...(Namazı bitirdikten) sonra da şu duayı okusun:*

لاَ إِلَهَ إِلاَّ اللّٰهُ الْحَلِيمُ الْكَرِيمُ سُبْحَانَ اللّٰهِ رَبِّ الْعَرْشِ
الْعَظِيمِ اَلْحَمْدُ لِلّٰهِ رَبِّ الْعَالَمِينَ أَسْئَلُكَ مُوجِبَاتِ
رَحْمَتِكَ وَعَزَائِمَ مَغْفِرَتِكَ وَالْغَنِيمَةَ مِنْ كُلِّ بِرٍّ وَالسَّلاَمَةَ
مِنْ كُلِّ إِثْمٍ لاَ تَدَعْ لِى ذَنْبًا إِلاَّ غَفَرْتَهُ وَ لاَ هَمًّا إِلاَّ فَرَجْتَهُ
وَلاَ حَاجَةً هِىَ لَكَ رِضًا إِلاَّ قَضَيْتَهَا يَا أَرْحَمَ الرَّاحِمِينَ

"Lâ ilâhe illallâhü'l-halîmü'l-kerîmü, sübhânellahi rabbi'l-arşi'l-azîm. el-Hamdü lillâhi rabbi'l-âlemîn. Es'elüke mûcibâti rahmetike ve azâime mağfiretike ve'l-ganîmete min külli birrin ve's-selâmete min külli ismin. Lâ teda' lî zenban illâ gafretehu ve lâ hemmen illâ fercetehu ve lâ hâceten hiye leke rızan illâ kadaytehâ. Yâ erhamerrâhimîn."

Anlamı: "Allah'tan başka ilâh yoktur. O çok yücedir, kullarına merhametle muamele edendir. Büyük arşın Rabb'i olan Allah'ı bütün noksanlıklardan tenzih ederim. Hamd, âlemlerin sahibi Allah'a mahsustur. Allahım, senden rahmetini, mağfireti, her iyiliği elde etmeyi, her günahtan da kurtuluşumu talep ederim. Bağışlanmamış hiçbir günah ve giderilmemiş hiçbir kederi bende bırakma. Senin rızanın olduğu hiçbir işi, hâceti yerine getirilmemiş bırakma, ey merhamet edenlerin en merhametlisi ..." [206]

Evvâbîn Namazı

Evvâb "tövbe edip sığınan" anlamına gelir. Buna göre evvâbîn namazı, tövbe eden ve Allah'a sığınanların namazı demektir. Resûlullah [s.a.v], *"Kim akşam namazından sonra, kötü bir şey konuşmaksızın altı rekât namaz kılarsa, bu kendisi için on iki senelik ibadete denk olur (O kadar sevap alır)"* [207] demiştir.

Evvâbîn namazının en azı iki, en çoğu altı rekâttır. Her iki rekâtta bir selâm verilerek kılınabileceği gibi, altıncı rekâtta da selâm verilerek kılınabilir.

Resûlullah [s.a.v] bir hadislerinde şöyle buyurmuşlardır: *"Kim akşam namazından sonra altı rekât namaz (evvâbîn) kılarsa, günahları denizlerin köpüğü kadar olsa dahi bağışlanır."* [208]

Seyyid Sıbgatullah Arvâsî [k.s] der ki: "Akşam ile yatsı arasında (boş yere, mâlâyâni) konuşmayın; zira bu kalpleri katılaştırır."

---

206 Tirmizî, Vitir, 17.

207 Tirmizî, Salât, 202.

208 Taberânî, *el-Mu'cemü'l-Evsat*, nr. 7241.

İşrak Namazı

İşrak namazı Resûlullah'ın [s.a.v] tavsiye buyurduğu mendup, nâfile namazlardandır. Vakti bayram namazlarının kılındığı vakittir. İşrak namazı iki veya dört rekât olarak kılınabilir.

Hz. Peygamber [s.a.v] işrak namazı hakkında şöyle buyurmuşlardır: *"Kim sabah namazını cemaatle kılar, oturduğu yerde güneş doğana kadar Allah'ı zikreder, (kerâhet vaktinden) sonra da iki rekât namaz kılar ise tam bir hac ve umre sevabı alır."* [209]

Bir diğer hadislerinde şöyle buyurmuşlardır:

"Bir adam cemaatle sabah namazını kıldıktan sonra otursa da güneş doğup kerâhet vakti çıkıncaya kadar zikir ve tevekkül etse, bundan sonra iki rekât namaz kılsa Allah [c.c] ona cehennem ateşini haram kılar." [210]

Kuşluk Namazı

Kuşluk yani duhâ vakti, güneşin doğuşundan takriben iki saat sonra giren zamana denir.

Hz. Peygamber [s.a.v] bir hadislerinde şöyle buyururlar:

"Her birinizin her eklemi için günde bir sadaka vermesi gerekir. Bu sebeple, her tesbih (sübhânellah) bir sadaka, her hamd (elhamdülillâh) bir sadaka, her tehlîl (lâ ilâhe illallah) bir sadaka, iyiliği tavsiye etmek sadaka, kötülükten sakındırmak sadakadır. Kuşluk vaktinde kılınan iki rekât namaz ise bunların hepsinin yerini tutar." [211]

---

209 Taberânî, *el-Mu'cemü'l-Kebîr*, nr. 7741; Heysemî, *Mecmau'z-Zevâid*, 10/104.

210 Beyhakî, *Şuabü'l-İmân*, nr. 3957.

211 Müslim, Müsâfirîn, 84; Ebû Davud, Tetavvu', 12.

Taberânî'nin zikrettiği bir hadiste ise şöyle geçmektedir: *"Kim iki rekât kuşluk namazı kılarsa o kimse gafillerden olmaz. Kim kuşluk namazını dört rekât kılarsa Allah'a ibadet eden kimselerden olur. Kim bu namazı altı rekât kılarsa o gün ona kuşluk namazı kâfi gelir. Kim yine bu namazı sekiz rekât kılarsa, Allah o kimseyi kendisine itaat eden kimselerden kabul eder. Ve kim ki bu kuşluk namazını on iki rekât kılarsa Allah ona cennette bir köşk yapar."* [212]

Kuşluk namazı iki rekâtta bir selâm verilerek kılınır. Bilenlerin Şemş ve Duhâ sûrelerini okuyarak kılmaları da müstehaptır. Ayrıca İhlâs ve Kâfirûn sûrelerinin okunmasının sünnet olduğu da rivayet edilmiştir.

Tesbih Namazı

Bu namaz, her rekâtında yetmiş beş defa *"Sübhânellahi velhamdü lillâhi ve lâ ilâhe illallahü vallahü ekber"* diye zikir yapılan dört rekâtlı bir namazdır.

Allah rızası için nâfile namaza niyet edilip "Allahüekber" diyerek namaza başlanır. Sübhâneke'den sonra on beş kere *"Sübhânellahi velhamdü lillahi ve lâ ilâhe illallahü vallahü ekber"* okunur. Sonra eûzü besmele çekilerek Fâtiha ile bir sûre daha okunur. Arkasından tekrar on defa *"Sübhânellahi velhamdü lillâhi ve lâ ilâhe illallahü vallahü ekber"* okunur. Sonra rükûa varılıp rükû tesbihlerinden sonra yine on defa *"Sübhânellahi velhamdü lillâhi ve lâ ilâhe illallahü vallahü ekber"* okunarak rükûdan (semi'allahü limen hamideh, rabbenâ ve lekelhamd denilerek) kalkılır. Bu kıyam halinde de on defa *"Sübhânellahi velhamdü lillâhi ve lâ ilâhe illallahü vallahü ekber"* okunur. Ondan sonra sec-

212 Heysemî, *Mecmau'z-Zevâid*, 2/327.

deye varılıp secde tesbihleri yapıldıktan sonra yine on defa *"Sübhânellahi velhamdü lillâhi ve lâ ilâhe illallahü vallahü ekber"* okunur. Secdeden tekbir ile kalkılır ve celse halinde yine on defa *"Sübhânellahi velhamdü lillâhi ve lâ ilâhe illallahü vallahü ekber"* okunur. İkinci secdeye tekbir ile varılıp üç defa yine secde tesbihleri yapıldıktan sonra on defa *"Sübhânellahi velhamdü lillâhi ve lâ ilâhe illallahü vallahü ekber"* okunur. Böylece toplam "yetmiş beş" olur.

Bu birinci rekâttan sonra ikinci rekâta kalkılır ve yine önce on beş defa *"Sübhânellahi velhamdü lillâhi ve lâ ilâhe illallahü vallahü ekber"* okunur. Sonra birinci rekâtta yapıldığı şekilde kılınarak kade (ilk oturuş) yapılır. Tahiyyat ile salavatlar okunur. Her iki rekâtta yapılan bu tesbihlerin toplamı 150 olur. Bundan sonra selâm vermeden veya selâm verilip, aynı şekilde iki rekât daha kılınır. Böylece dört rekâtta yapılan tesbihlerin sayısı 300 olur.

Bu tesbih namazında yanılma olsa, yapılacak sehiv secdelerinde bu tekbirler getirilmez.

Tesbih namazının da sevabı çoktur. Bu namaz her vakit kılınabilir. Hiç olmazsa haftada veya ayda veya ömürde bir defa olsun kılınmalıdır. Sâdâtlar bu namaza çok önem vermişlerdir. Özellikle ramazan ayında bu namazı, gündüz ve akşam vaktinde olmak üzere iki defa kılmışlardır. Şâfiî mezhebine göre, nâfileler cemaat halinde de kılınabileceği için bu namazı cemaat halinde kılmak da bir mahzur yoktur. Hanefî mezhebinde tercih edilen görüşe göre, mutlak olarak nâfile namazları cemaat halinde kılmak mekruhtur. Ancak nasıl kılındığını bilmeyen kimselerin öğrenmek ve tatbik etmek maksadıyla imama uyarak nâfile kılmalarında bir mahzur yoktur. Tesbih namazı da bunun gibidir.

Tövbe Namazı

"*Şüphesiz Allah, çokça tövbe edenleri ve güzelce temizlenenleri sever.*"[213] âyetinde, Allah Teâlâ, tövbe ile kalbini, su ile kalıbını güzelce temizleyenlerin ilâhî sevgiye mazhar olacağını müjdelemiştir.

Günahlarından tövbe eden bir kul, kalbi ile pişman olduğu kusurlarına, sadece dili ile istiğfar edip bırakmamalı, hataları işleyen bütün vücuduna bu pişmanlığını hissettirmeli, onları da tövbeden hissedar etmelidir. Bunun için en güzel yol, bir abdest ve gusülle bütün âzalarını temizledikten sonra, kılacağı iki rekât "tövbe namazı" ile derdini yüce Rabb'ine açmaktır. Peşinden affedilmesi ve günahkâr kalbinin şifa bulması, günahlardan temizlenmesi için yalvarmalıdır. Çünkü Resûlullah Efendimiz [s.a.v], pişmanlık içinde, samimi olarak yapılan bir tövbenin mutlaka kabul edileceğini müjdeleyerek şöyle buyurmuştur:

"*Herhangi bir kul, bir günah işlediğinde, güzelce temizlenir, kalkar iki rekât namaz kılar, sonra Allah'tan bağışlanmasını isterse, Allah Teâlâ muhakkak onu affeder.*"[214] Peygamber Efendimiz [s.a.v], sonra, şu âyet-i kerimeyi okudu:

وَالَّذِينَ اِذَا فَعَلُوا فَاحِشَةً اَوْ ظَلَمُوا اَنْفُسَهُمْ ذَكَرُوا اللّٰهَ
فَاسْتَغْفَرُوا لِذُنُوبِهِمْ وَمَنْ يَغْفِرُ الذُّنُوبَ اِلَّا اللّٰهُ وَلَمْ يُصِرُّوا
عَلٰى مَا فَعَلُوا وَهُمْ يَعْلَمُونَ ﴿١٣٥﴾ اُولٰٓئِكَ جَزَٓاؤُهُمْ مَغْفِرَةٌ
مِنْ رَبِّهِمْ وَجَنَّاتٌ تَجْرِى مِنْ تَحْتِهَا الْاَنْهَارُ خَالِدِينَ فِيهَا
وَنِعْمَ اَجْرُ الْعَامِلِينَ

213 Bakara 2/222.

214 Ebû Davud, Vitir, 26 Tirmizî, Salât, 181; Nesâî, es-*Sünenü'l-Kübrâ,* Tefsîr, 78; İbn Mâce, İkâme, 193; Ahmed b. Hanbel, *el-Müsned,* 1/2, 9, 10.

"Onlar, bir kötülük yaptıkları ya da nefislerine zulmettikleri zaman, Allah'ı zikrederek hemen günahlarının bağışlanmasını dilerler. Hem, günahları Allah'tan başka kim bağışlayabilir ki!

Bir de onlar, işledikleri kötülüklerde, bile bile ısrar etmezler. İşte onların mükâfatı; Rab'leri tarafından bağışlanma ve altlarından ırmaklar akan, içinde ebedî kalacakları cennetlerdir. Böyle amel edenlerin mükâfatı ne güzeldir!" (Âl-i İmrân 3/135-136).

BİBLİYOGRAFYA

Abdülhakim el-Hüseynî, *Sohbetler,* İstanbul: Sey-Tac Yayınları, 2006.

Abdülkadir-i Geylânî, *Gunyetü't-Tâlibîn*, Beyrut: Dârü'l-Kütübi'l-İlmiyye, 1997.

Abdurrahman Tâhî, *Mektuplar (Mektûbât)*, (trc. Ahmet Yıldırım-Enbiya Yıldırım), İstanbul: Umran Yayınları, 1995.

Abdürrezzâk es-San'ânî, Ebû Bekir Abdürrezzâk b. Hemmâm, *el-Musannef,* c. 1-11, Menşûratü'l-Meclisi'l-Âmî (baskı yeri ve tarihi yok).

Aclûnî, İsmail b. Muhammed, *Keşfü'l-Hafâ' ve Müzîlü'l-İlbâs,* c. 1-2, Beyrut: Dârü'l-Kütübü'l-İlmiyye, 1997.

Ahmed b. Hanbel, Ebû Abdullah Ahmed b. Muhammed, *el-Müsned,* c. 1-50, Beyrut: Müessesetü'r-Risâle, 1999.

Ali el-Müttakî, Alâeddin Ali, *Kenzü'l-Ummâl fî Süneni'l-Akvâl ve'l-Ef'âl,* c. 1-18, Beyrut: Müessesetü'r-Risâle, 1993.

Aynî, Bedreddin Ebû Muhammed Mahmud b. Ahmed, *Umdetü'l-Kârî Şerhu Sahîhi'l-Buhârî*, c. 1-16, Beyrut: Dârü'l-Fikr, 2002.

Begavî, Ebû Muhammed Hüseyin b. Mesud, *Şerhu's-Sünne,* c. 1-16, Beyrut: Mektebetü'l-İslâmî, 1983.

Beyhakî, Ebû Bekir Ahmed b. Hüseyin, *Şuabü'l-İmân,* c. 1-9, Beyrut: Dârü'l-Kütübü'l-İlmiyye, 2000.

a.mlf., *Kitâbü Fezâilü'l-Evkât,* Cidde: Dârü'l-Menâre, 1997.

a.mlf., *Delâilü'n-Nübüvve,* c. 1-7, Beyrut: Dârü'l-Kütübi'l-İlmiyye, 1985.

Deylemî, Ebû Şücâ' Şîrûye b. Şehredâr, *Firdevsü'l-Ahbâr (Müsnedü'l-Firdevs),* c. 1-5, Beyrut: Dârü'l-Kitâbi'l-Arabî, 1987.

Ebû Nuaym el-İsfahânî, Ahmed b. Abdullah, *Hilyetü'l-Evliyâ ve Tabakâtü'l-Asfiyâ,* c. 1-16, Beyrut: Dârü'l-Kütübi'l-İlmiyye, 1997.

Gazâlî, Ebû Hâmid el-Gazâlî, *Mükâşefetü'l-Kulûb, el-Mukarribu ilâ Allâmi'l-Guyûb,* Beyrut: Dârü'l-Ma'rife, 2001.

a.mlf., *İhyâü Ulûmi'd-Dîn,* c. 1-5, Beyrut: Dârü's-Sâdır, 2000.

Hâkim en-Nîsâbûrî, Muhammed b. Abdullah, *el-Müstedrek ale's-Sahîhayn,* c. 1-4, Beyrut: Dârü'l-Kütübi'l-İlmiyye, 1990.

Hatîb el-Bağdâdî, Ebû Bekir Ahmed b. Ali, *Târîhu Bağdâd,* c. 1-20, Beyrut, ts.

Hatîb et-Tebrîzî, Muhammed b. Abdullah, *Mişkâtü'l-Mesâbîh,* c. 1-4, Beyrut: Dârü'l-Fikr, 1991.

Heysemî, Ebü'l-Hasan Nûreddin, *Mecmau'z-Zevâid ve Menbau'l-Fevâid (Bugyetü'r-Râid* tahkikiyle birlikte), c. 1-13, Beyrut: Dârü'l-Fikr, 1994.

İbn Arrâk, Ebü'l-Hasan Ali b. Muhammed, *Tenzîhü'ş-Şerîati'l-Merfûa,* c. 1-2, Beyrut: Dârü'l-Kütübi'l-İlmiyye,1981.

İbn Âdil, Ebû Hafs Ömer b. Ali ed-Dımaşkî el-Hanbelî, *el-Lübâb fî Ulûmi'l-Kitâb,* c. 1-20, Beyrut: Dârü'l-Kütübi'l-İlmiyye, 1998.

İbn Asâkir, Ebü'l-Kasım Ali b. Hasan, *Târîhu Medîneti Dımaşk,* c. 1-80, Beyrut: Dârü'l-Fikr, 1995.

İbn Ebû Şeybe, Ebû Bekir Abdullah b. Muhammed, *el-Musannef fi'l-Ehâdîs ve'l-Âsâr,* c. 1-9, Beyrut: Dârü'l-Fikr, 1989.

İbn Hibbân, Ebû Hâtim Muhammed b. Hibbân, *es-Sahîh,* c. 1-18, Beyrut: Müessesetü'r-Risâle, 1988.

İbn Hişâm, Ebû Muhammed Abdülmelik b. Hişâm el-Himyerî, *es-Sîretü'n-Nebeviyye,* c. 1-4, Riyad: Dârü'l-Muğnî, 1999.

İbn Hacer el-Askalânî, Ebü'l-Fazl Ahmed b. Ali, *el-Metâlibü'l-Âliye bi-Zevâidi'l-Mesânidi's-Semâniye* c. 1-5, Beyrut: Dârü'l-Ma'rife,1993.

İbn Kesîr, Ebü'l-Fidâ İsmail b. Ömer, *el-Bidâye ve'n-Nihâye,* c. 1-8, Beyrut: Dârü'l-Kütübi'l-İlmiyye, ts.

a.mlf., *Tefsîrü'l-Kur'âni'l-Azîm,* c. 1-8, Beyrut: Dâru İbn Hazm, 1998.

İbn Kudâme el-Makdisî, Muvaffakuddin Abdullah b. Ahmed, *Kitâbü't-Tevvâbîn,* Beyrut: Dârü'l-Yakîn, 2000.

İbn Receb el-Hanbelî, Ebü'l-Ferec Zeynüddin Abdurrahman b. Ahmed, *Letâifü'l-Maârif fîmâ li-Mevâsimi'l-Ammî mine'l-Vezâif,* Amman: Beytü'l-Efkâri'd-Devliyye, 2005.

İbn Sa'd, Ebû Abdullah Muhammed b. Sa'd, *et-Tabakâtü'l-Kübrâ,* c. 1-9, Beyrut: Dâru Sâdır, ts.

İsmail Hakkı Bursevî, *Tefsîru Rûhu'l-Beyân*, c. 1-10, Beyrut: Dâru İhyâü't-Türâsi'l-Arabî, 2001.

Kurtubî, Ebû Abdullah Muhammed b. Ahmed, *el-Câmi' li-Ahkâmi'l-Kur'ân,* c. 1-11, Beyrut: Dârü'l-Fikr, 1993.

Münzirî, Ebû Muhammed Abdülazim b. Abdülkavî, *et-Tergîb ve't-Terhîb,* c. 1-4, Dımaşk: Dâru İbn Kesîr, 1999.

Nesâî, Ebû Abdurrahman Ahmed b. Ali, *es-Sünenü'l-Kübrâ,* c. 1-8, Beyrut: Dârü'l-Kütübi'l-İlmiyye, 1991.

Pakalın, Mehmet Zeki, *Osmanlı Tarih Deyimleri ve Terimleri Sözlüğü,* c. 1-3, İstanbul: M.E.B, 1993.

Said Nursi, *Sikke-i Tasdik-i Gayb*, İstanbul: Envar Neşriyat, 1998.

Selvi, Dilaver, *Kulun Yolculuğu*, İstanbul: Semerkand Yayınları, 2008.

Semerkandî, Ebü'l-Leys Nasr b. Muhammed, *Bahrü'l-Ulûm,* c. 1-3, Beyrut: Dârü'l-Kütübi'l-İlmiyye, 2006.

Süyûtî, Celâleddin Abdurrahman; *ed-Dürrü'l-Mensûr fi't-Tefsîri bi'l-Me'sûr,* c. 1-8, Beyrut: Dârü'l-Fikr, 2002.

a.mlf., *el-Câmiu's-Sagîr (Feyzü'l-Kadîr* şerhiyle birlikte), c. 1-13, Mekke: Mektebetü Nizâr Mustafa el-Bâz, 1998.

Taberânî, Ebü'l-Kasım Süleyman b. Ahmed, *el-Mu'cemü'l-Kebîr, c.* 1-25, Beyrut: Dâru İhyâi't-Türâsi'l-Arabî, ts.

a.mlf., *el-Mu'cemü'l-Evsat,* c. 1-11, Riyad: Mektebetü'l-Maârif, 1985.

a.mlf., *el-Mu'cemü'Sagîr,* Beyrut: Dâru İhyâi Türâsi'l-Arabî, ts.

Tahâvî, Ebû Ca'fer Ahmed b. Muhammed, *Müşkilü'l-Âsâr,* Beyrut: Dâru Sâdır (Haydarâbâd 1333'ten ofset) (ts.).

Tozlu, İbrahim, *Onbir Ayın Sultanı*, İstanbul: Semerkand Yayınları, 2007.

Zebîdî, Muhammed Murtazâ, *İthâfü's-Sâdeti'l-Müttakîn bi-Şerhi Esrârı İhyâi Ulûmi'd-Dîn,* c. 1-14, Beyrut: Dârü'l-Kütübü'l-İlmiyye, ts.

Kul'un Yolculuğu

Mi'rac ve Nefs Terbiyesi

KUTLU ZAMANLAR DİZİSİ

SEMERKAND